西方经济学圣经译丛（超值白金版）
晏智杰 ◎ 主编

Reflections on the Formation and the Distribution of Riches

关于财富的形成和分配的考察

［法］杜尔哥 ◎ 著
唐日松 ◎ 译

华夏出版社
HUAXIA PUBLISHING HOUSE

《西方经济学圣经译丛》序

翻译出版西方经济学名著，如以1882年上海美华书馆印行《富国策》［英国经济学家 H. 福西特（1833～1884）《政治经济学指南》（1863年）中译本］为开端，迄今为止已有一百多年历史。回顾这段不算很长然而曲折的历程，不难看出它同中国社会百多年来的巨大深刻的变迁密切相关，它在一定程度上是中国思想界特别是经济思想界潮流和走向的某种折射和反映。单就中华人民共和国成立以来对西方经济学名著的翻译出版来说，窃以为明显呈现出各有特点的两个阶段。改革开放以前几十年间，翻译出版西方经济学著作不仅数量较少，而且其宗旨在于提供批判的对象和资料。对于出现这种局面的不可避免发生及其长短是非，人们的看法和评价可能不尽一致，但此种局面不能再原封不动地维持下去已是大多数人的共识。改革开放以来，对西方经济学著作的翻译出版进入到一个新阶段，短短二十多年间，翻译出版数量之巨，品种之多，速度之快，影响之广，均前所未有，呈现出一派生机勃勃的繁荣景象。这是中国社会改革发展的需要，也是历史的进步，主流无疑是好的；但也难免有选材不够精当和译文质量欠佳之嫌。

华夏出版社推出这套新的《西方经济学圣经译丛》，可谓正逢其时。在全面建设小康社会的新时期，随着社会主义市场经济体制改革的深入，随着中国经济学队伍的建设和壮大，我们需要更多更准确更深入地了解西方经济学；而以往几十年翻译出版西方经济学所积累的经验教训，也正在变成宝贵的财富，使我们将翻译出版西方经济学名著这项事业，得以在过去已有成就的基础上，百尺竿头，更进一步。我们会以实践为标准，比以往更恰当地把握选材范围和对象，尽可能全面准确地反映西方经济学的优秀成果，将各历史时期最有代表性和影响力的著作纳入视野；我们对译文质量会以人所共知的"信、达、雅"相要求，尽力向读者推出上乘之译作。我们还会认真听取广大读者和学者的任何批评和建议，在分批推出过程中不断加以改进和提高。

在西方经济学迄今的发展中，涌现了数量不少的重要著作，其中亚当·斯密《国富论》（初版于1776年）、马歇尔《经济学原理》（初版于1890年）和凯恩斯《就业、利息和货币通论》（1936年），是公认的三部划时代著作。《国富论》为古典经济自由主义奠定了基础;《经济学原理》作为新古典经济学的代表作,为经济自由主义做了总结;《就业、利息和货币通论》则标志着经济自由主义的终结和现代国家干预主义的开端,故将它们同时首批推出。其他名著将陆续问世。

晏智杰

北京大学经济学院

2004 年 11 月 15 日

中译本导读

安·罗伯特·雅克·杜尔哥（Anne Robert Jacques Turgot，1727~1781），法国政治家，重农主义学派的主要代表人物。杜尔哥1727年生于贵族家庭，早期从事教会工作。1752年任代理检察长。1753年任衡平法院裁判长。1761~1774年任州长，主张整顿税制和废除徭役，由此声誉鹊起。1774年路易十六任命杜尔哥为财政大臣。杜尔哥提出的纲领是："不破产，不增税，不借款"。他主张谷物自由买卖，废除行会会长和师傅，简化税制，归并各种赋税为单一的土地税，贵族等特权阶级也须纳税。1776年1月，杜尔哥提出六条改革法令，遭到贵族和行会的反对，同年5月被解职，后专心从事著述。

杜尔哥在经济思想上发展了魁奈所创立的重农主义体系。重农主义学派是继重商主义后法国出现的另一个重要经济学流派。该学派的形成以1756年其代表人物魁奈在《百科全书》上发表他的第一篇经济学论文为标志,到1776年另一位代表人物杜尔哥失去政府高官地位而结束。

重农学派创立了自然秩序的理论。自然秩序是重农学派理论的出发点和基础。重农学派认为,人类社会存在着不以人们意志为转移的客观规律,这就是自然秩序。人类社会如果按照自然秩序行事,社会便处于健康状态;反之,社会则处于非健康状态,便会变得动荡不安。他们认为,人身自由和财产私有是自然秩序所规定的人类最基本的自然权利。为了实现这种自然权利,政府对于人民经济生活不要加以干预,而要实行自由放任。

纯产品学说是重农学派理论体系的核心。他们的全部体系都围绕着这一学说而展开,一切政策也以其为基础。重农学派认为,在农业中,生产出来的产品除了补偿种子及劳动者和农业资本家所消耗的生活资料之外还有盈余。重农学派称这种盈余为"纯产品"。他们认为,在农业中,"自然界"虽参与农业生产过程但却不要求任何补偿,所以"纯产品"是"自然界赐予"人类的。魁奈把"纯产品"归结为由农业劳动生产者所创造,只有创造"纯产品"的劳动才是生产劳动,因而他的纯产品学说是剩余价值理论的最初萌芽。但魁奈只从使用价值的角度把握农业中产生的"纯产品",只研究了剩余价值中的一个特殊形态,即地租,他还不了解剩余价值的一般形态。

重农学派把社会成员分为三个阶级:生产阶级,土地所有者阶级,不生产阶级。虽然重农学派对社会阶级结构分析有严重错误,但他们是最早把社会分为阶级,并试图以此分析社会现象的经济学家。

重农学派的经济学说在杜尔哥的著作中得到最高的发展。他进一步阐述了重农主义关于"自然秩序"、"自由放任"和"纯产品"等学说。他重视农业,认为农业是惟一产生剩余的部门,农业是惟一的生产部门,只有农业才创造新财富。杜尔哥仍然认为"纯产品"是"自然界的赐予",但他强调这是土地对于农业劳动者的赐予,认为只有农业劳动者生产出来的产品才超过他们的劳动工资,这实际上认识到地主阶级占有纯产品是对他人劳动的占有。他更明确地说明了"纯产品"是由农业雇佣劳动者所创造而为地主所占有,从而比魁奈更为正确地理解到了剩余价值的问题。

杜尔哥对资本主义社会的阶级结构进行了更为切合实际的分析。他在魁奈提出的三阶级论的基础上,又进一步划分出了雇工和资本家阶级,并初步表述了劳动者和劳动条件分离的历史过程。杜尔哥认为,资本家是通过垫付资本从而使用别人的劳动而获得利润的。他还正确地认识到雇佣工人是在劳动者与生产资料相分离的时候产生的。工人因失去生产资料因而一无所有，便只能靠出卖劳动力谋生。工资的价格像其他商品一样是通过自由竞争形成的。工人的工资仅限于维持其生计所必需的东西。

杜尔哥明确了生产要素有三：土地、劳动和资本，因而其收入也有三种形态：地租、工资和利润。在杜尔哥看来，资本就是货币资本。由于生产在不停地周转，人们不仅需要货币资本，而且也需要原始的生产要素资本。杜尔哥认为，货币资本是经济活动中一切部门所必需的。他将资本定义为"积累的可动财富（价值）"。如果考虑到资本包含着不同程度的风险，那么，各种资本所有者之间的竞争，便使得一切可能的投资报酬率趋于相同。为了使生产维持在同样的水平上，需要使得各种投资得到一些报酬；如果报酬率下降了，资本就会被抽走，生产就不能保持在过去的水平上。

杜尔哥的税收思想主要体现在平等课税以及直接税与间接税的比较方面。关于关税，他认为，国家干预的保护关税会加重本国人民的负担，并会招致对方出口国家的报复，使双方贸易均受损失，应以平等关税实现国际贸易的自由竞争。关于国内纳税，他认为，应废除贵族、僧侣、大地主等的免税特权，实现国民平等纳税。关于直接税与间接税，他认为应从土地纯收入上直接征税。

杜尔哥的经济理论体系无疑是近代国民经济结构的基本雏形。最早将"资本"一词从日常用语转变为经济学术语的就是杜尔哥。尽管对资本主义经济的各种基本问题研究得很不充分，对工业、对外贸易以及与此相关的各种重要理论问题并不重视，甚至还没有涉及，但杜尔哥的经济理论代表了新兴的产业资本家阶级的利益，力图为法国资本主义发展开辟道路，反对封建特权，反对商业资本的各种垄断。他把理论研究从流通领域转向生产领域，适应资本主义生产发展的要求，主张自由竞争，反对国家干预经济生活。他基本上抛弃了重农学派的封建主义外观，提出了一系列的政策纲领。他所实施的这些措施在他离职后虽然被取消，但后来由法国大革命时期的立法机构予以恢复并执行。马克思称他是"给法国革命引路的激进资本家阶级大臣"，"试图采取法国革命的措施"。

我们中国读者可能感兴趣的是，杜尔哥对中国的制度与文化极为向往，他与中国有着不解之缘。作为重农学派的代表人物，他十分倾慕中国成熟的农业管理，关心中国对农业的保护及重农思想，并专门派人到中国学习农业管理经验。所以，当两名来自中国的留法学生完成学业准备回国时，杜尔哥建议由政府出面使他们再留一年。其代表著作《关于财富的形成和分配的考察》(1766)，就是为这两名中国留法学生而写的。此书成为中国留学生撰著的《中国问题集》的"总序"。《中国问题集》包括杜尔哥向他们提出的关于中国工农业技术、物产、历史等方面的共五十二个问题，是让这两位中国留学生回国后在研究本国经济状况及经济制度的基础上予以解答，以便让法国人全面系统地掌握中国的资料。《关于财富的形成和分配的考察》就是为了使中国学生理解上述问题而写的。杜尔哥正是在这本书中概述了重农学派的理论，并将重农主义体系发展到了最高峰。

唐日松

2006年8月于沈阳

目 录

英译本序

杜邦·德·奈木尔导言

第一节 假设平均分配土地，每个人仅拥有维持其生活所必需的土地，则不可能存在商业 /1

第二节 上述假设未曾存在过，但即使存在也不可能持续。土壤的差异性和需要的多样性导致了土地产品与其他产品的交换 /1

第三节 土地产品需要长期和艰辛的生产过程才能满足人类的需要 /3

第四节 这些加工过程的必要性导致了以土地产品交换劳动 /4

第五节 生产原料的农夫比加工原料的工匠更重要。农夫是劳动流通的最先发动者；是农夫使土地产出所

有工匠的工资 /5

第六节　工人的工资受限于那些为生计而工作的工人们之间的竞争。他所得到的只能维持自己的生活 /6

第七节　农夫是惟一的劳动产出超过自己劳动工资的劳动者，所以，他是所有财富的惟一源泉 /7

第八节　社会首先被划分为两个阶级：一个是生产阶级，即耕种者阶级；另一个是工薪阶级，即工匠阶级 /8

第九节　在社会最开初的时代，还不能将土地所有者与耕种者区分开来 /8

第十节　社会的进步；所有土地都有了主人 /9

第十一节　在受雇的耕种者的帮助下，土地所有者开始从耕种劳动中解脱出来 /10

第十二节　产权分配的不平等——这种现象不可避免出现的原因 /10

第十三节　这种不平等的后果：土地耕种者和土地所有者区分开来 /11

第十四节　土地耕种者与所有者之间的产品分配。纯产品或收入 /12

第十五节　社会重新划分为土地耕种者、工匠和土地所有者三个阶级，或生产阶级、工薪阶级和可自由支配阶级 /12

第十六节　两个劳动阶级或不能自由支配阶级间的相似

之处 /13

第十七节 两个劳动阶级间的根本区别 /14

第十八节 这种区别使其进一步区分为生产阶级和不生产阶级 /15

第十九节 土地所有者如何从其土地上获取收入 /15

第二十节 第一种方法：由那些领取工资的劳动者来耕种 /16

第二十一节 第二种方法：由奴隶来耕种 /16

第二十二节 由奴隶进行耕种的方法不能在大型社会中继续实行 /18

第二十三节 继真正所谓的奴隶制度之后的是人被束缚于土地的制度 /18

第二十四节 继人被束缚于土地的制度之后的是领地制度，奴隶成为土地所有者。第三种方法：让渡土地换取一定回报 /19

第二十五节 第四种方法：对分佃耕制 /20

第二十六节 第五种方法：土地的包租或出租 /21

第二十七节 最后一种方法最有利，但前提是该地区已很富庶 /22

第二十八节 简要重述使土地能生产的各种方法 /22

第二十九节 论一般的资本及货币的收入 /23

第三十节 论商业中黄金和白银的用途 /24

第三十一节　商业的兴起。商品评价的原则 /24

第三十二节　商品交换的现行价值是如何确定的 /26

第三十三节　商业赋予所有商品相对任何其他商品的现行价值；因此，所有商品都是一定数量的任何其他商品的等值物，它可视为代表其他商品的象征物 /27

第三十四节　任何商品都可用做衡量所有其他商品价值的尺度或共同标准 /28

第三十五节　并非每种商品都是同样便利的价值尺度。较妥当的是优先选择那些在质量上不易发生显著变化，并且其价值主要与数目或数量相关的商品 /29

第三十六节　价值与数目或数量间缺少准确的一致性的情形，由平均估价来弥补，这种平均估价成为一种真正的货币 /30

第三十七节　举例说明成为表达价值的理想方式的那些平均估价 /31

第三十八节　所有商品都是代表每种商业对象的象征物，但对其使用的多寡，则取决于它是否便于运输，是否便于保存而不变质 /32

第三十九节　所有商品都具有货币的两种基本属性，即衡量和代表所有价值；从这个意义上说，所有商品都是货币 /32

第四十节　反之，基本上所有货币都是商品 /33

第四十一节 不同物品均能够作为并且已经作为流通货币 /33

第四十二节 金属,尤其是黄金和白银,最适用于这种目的。理由陈述 /34

第四十三节 由于事物的本质属性,黄金和白银成为了货币,并且是普遍性的货币,这与所有习俗和法律都无关 /36

第四十四节 其他金属仅用于次要用途 /36

第四十五节 黄金和白银作为货币的使用,提高了它们作为物质原材料的价值 /36

第四十六节 黄金和白银与其他商业对象的比较,以及二者彼此比较的价值的变化 /37

第四十七节 用货币进行支付的习俗有助于区分卖主和买主 /38

第四十八节 货币的使用极大地促进了社会不同阶层间的劳动分工 /39

第四十九节 关于积累起来形成资本的多余年产品 /39

第五十节 可动财富。货币的积累 /40

第五十一节 可动财富是所有营利行业必不可少的必需品 /41

第五十二节 耕种垫付的必要性 /41

第五十三节 土地尚未被耕种前所提供的第一笔垫付 /42

第五十四节　牲畜甚至在土地被耕种前就是可动财富 /43

第五十五节　土地耕种所必需的另一种可动财富和垫付：奴隶 /43

第五十六节　可动财富甚至对土地本身都有一种交换价值 /44

第五十七节　评估土地的价值，根据土地的收入与它所交换的可动财富数量或价值的比例而定；这种比例称为土地的价格 /45

第五十八节　所有货币资本，以及无论多少的所有价值，都是生产等于一定数额收入的土地的等值物。运用资本的第一种方法。购买土地 /46

第五十九节　货币的另一种运用方法，用于制造业和工业的垫付 /47

第六十节　说明工业企业中各种资本垫付的运用；关于资本的收回及其应产生的利润 /48

第六十一节　工业中工薪阶级再分为资本家和纯粹的工人 /50

第六十二节　还有一种运用资本的方法，用做农业企业的垫付。关于农业企业中资本的用途以及必不可少的利润的论述 /50

第六十三节　农业方面资本家性质的企业家之间的竞争决定了地租的现行价格。大规模的农业经营 /52

第六十四节　资本家性质的企业家的缺少使土地耕种和经营仅限小范围内 /53

第六十五节　土地耕种者阶级再划分为企业家或承包者和单纯的领薪者，无论后者是雇工还是零工 /54

第六十六节　第四种运用资本的方法，用于商业企业的垫付。在商品生产者和消费者之间真正所谓的商人做中介的必要性 /54

第六十七节　各种等级的商人，他们全体的共同点是：为再卖出而买入，他们从事这一行业的费用靠垫付维持，这种垫付将连同利润一并收回，以便重新投入到下一次的为卖出而买入的交易中 /56

第六十八节　货币流通的真正意义 /58

第六十九节　在黄金和白银进入商业领域前，所有企业，特别是制造业和商业，不可能不受到极大限制 /59

第七十节　由于资本像劳动者的勤劳一样对于所有经营事业都是必要的，因此勤劳者愿意与为他们提供所需资金的资本家分享他们的企业利润 /60

第七十一节　资本的第五种运用方法：放贷取息。贷款的性质 /60

第七十二节　关于放贷取息的错误观念 /61

第七十三节　对经院哲学家的反驳 /62

第七十四节　货币利息的真实基础 /64

第七十五节　对一种反对意见的回复 /66

第七十六节　利率像任何其他商品的价格一样，只应由交易过程自身来决定 /68

第七十七节　货币在商业中有两种不同的估价：一种是表达我们为了得到各种商品所付出的货币数量；另一种则是表达一笔货币与交易过程中所得利息之间的关系 /68

第七十八节　这两种估价彼此无关，并由各种不同的原则所支配 /69

第七十九节　在比较货币与商品的价值时，我们将货币视为一种金属，而这种金属是交易的目标。在评估货币利息时，我们关注的是货币在一定时期内的效用 /71

第八十节　利息的价格直接取决于借款者的需求与贷款者的供给之比。这种比例主要取决于通过储蓄剩余收入和年产品而形成资本所积累的可动财富的数量，不论这些资本是以货币形式存在，还是以在商业中有价值的任何其他种类的财富形式存在 /72

第八十一节　节俭精神不断增加各种资本的数量，奢侈则不断消耗它们 /73

第八十二节　利率的降低证明，在欧洲，节俭比奢侈盛行 /74

第八十三节　扼要重述运用资本的五种不同方法　/75

第八十四节　运用资本的不同方法间的相互影响　/75

第八十五节　投入土地的货币必然最少　/76

第八十六节　放贷取息的货币所带来的收入，应比用同等资本购买土地所带来的收入略多　/76

第八十七节　投入农业、制造业或商业的货币所生产的利润应比贷款利息更多　/76

第八十八节　不过，这些不同的运用方法所带来的成果相互受到限制，并且尽管它们彼此并不一样，但却保持某种平衡　/77

第八十九节　货币的现行利率是一种标准，借助这种标准可以判断资本的多寡；它是衡量一国农业、制造业和商业发展程度的尺度　/78

第九十节　货币利率对所有营利行业的影响　/79

第九十一节　一个国家的总财富包括：一所有田产的纯收入乘以地价率；二国内现存所有可动财富的总和　/80

第九十二节　不能将借贷资本包括在总财富之内，否则会导致重复计算　/81

第九十三节　在社会的三个阶级中，货币的贷款者应列入哪个阶级？　/83

第九十四节　贷款者，就他自身来说，属于可自由支配

阶级 /84

第九十五节 从贷款者能利用利息的方法看，贷款者提取的利息是可自由支配的 /85

第九十六节 从国家有权拨用一部分利息满足自己需要而无任何不便这个意义上看，货币的利息不是可自由支配的 /85

第九十七节 反对意见 /87

第九十八节 对这种反对意见的答复 /87

第九十九节 除了土地的净产品外，一国不存在任何严格意义上的可自由支配的收入 /88

第一百节 土地还提供了全部可动财富即现存资本，它们是由每年储蓄的一部分土地产品形成的 /89

第一百零一节 尽管货币是储蓄的直接目标，并且可以说是资本的最初基础，但货币却只占资本总额的极少一部分 /91

附　录 /93

（一）杜尔哥致休谟书，1766年7月23日 /93

（二）休谟致杜尔哥书，1766年8月5日 /94

（三）杜尔哥致休谟书，1766年9月7日 /94

（四）休谟致杜尔哥书（未注明日期） /96

（五）杜尔哥致休谟书，1767年3月25日 /98

（六）杜尔哥致杜邦书，1766年12月9日 /103

（七）杜尔哥致杜邦书，1770年2月2日 /103

（八）杜尔哥致杜邦书，1770年2月20日 /104

（九）杜尔哥致杜邦书，1770年3月23日 /105

（十）休谟致莫雷累书，1769年7月10日 /105

英译本序

安·罗伯特·雅克·杜尔哥,奥利男爵,1727年5月10日生于巴黎。他是诺曼底一个古老贵族家庭的后裔,这个家庭曾有两三代人是国家有才干的行政官员:他的祖父曾任州长;他的父亲曾任司法高官,并一度作为行会会长主持巴黎市政工作。杜尔哥本人在路易学院和布勒西学院接受早期教育,后来,由于作为幼子注定要从事教会工作,他便进入圣沙尔比斯神学院学习神学,并于1747年获神学学士学位。1748年,他获准进入索尔滂恩修道院,1749年12月,当选为1750年的名誉副院长。1751年初,他改变计划,决定从事司法和行政工作。1752年1月,他被任命为代理检察长;同年12月,任巴黎市议会参议员;1753年3月,任衡平法院裁判长。在随后的8年,他的职务主要在司法方面。不过在1755~

1756年间,他随同商务督察古尔内巡视了法国的南部和西部。

1761年8月,杜尔哥被任命为利摩日州州长,一直任职到1774年年中。在任职期间,他改革了丁税的征收方法,以货币缴税的方式代替了徭役制的强迫劳动,在本州境内允许谷物自由流通,并建立了一种济贫制度。在他偶然一次的访问巴黎期间,与大卫·休谟(1763~1766年任英国驻法国大使馆秘书)建立起了友谊,并结识了亚当·斯密(1765年圣诞节至1766年10月在巴黎)。就是在1766年,杜尔哥完成了《关于财富的形成和分配的考察》一文(详见下文)。

路易十六即位后,杜尔哥应邀进入新内阁。在海军部的短暂任职(1774年7月20日至8月24日)后,他被任命为财政大臣。他任财政大臣短短两年间的政绩成为法国历史上最著名的事件之一。他实施的最重要措施是:建立国内谷物自由贸易;以各特权阶级也要缴纳的赋税代替徭役制度;取消手工业同业公会。杜尔哥的政令引起贵族、官员及所有愿意维持现状的人的最坚决反对。路易十六听从了朝臣以及皇后玛丽·安托瓦妮特的谏言,于1776年5月12日罢免了杜尔哥的职务,他所实施的各项措施随即也被取消。后来这些措施由法国大革命时期的立法机构予以恢复并执行。杜尔哥退职以后全力致力于著述，直到于1781年3月18日去世。

杜尔哥生前所发表的经济著作，除了《关于财富的形成和分配的考察》之外，似乎只有1755年所著的《关于商业方面的重要问题》（书名译自塔克的英译本），以及1756年《百科全书》所载的《市集与市场》和《基金》这两篇论文。然而，他撰写过大量有关各种经济问题的备忘录，其中有些是他呈送上司的关于利摩日州治理情况的报告；他向公众发布的传单以及其他文告，用来说明并阐述他在利摩日州长任期内所实施的改革措施的理由；他在任财政大臣期间所颁布的各项政令。所有这些文献，连同他于1759年所著的《古尔内颂》，都由杜邦·德·奈木尔编入《杜尔哥文集》（共9卷，1809～1811年陆续出版）。1844年，德尔和杜萨增订了这部《杜尔哥文集》，以两卷本的形式作为吉劳敏主编的《主要经济学家著作集》的一部分再版发行。《经济学微型丛书》中有1889年米·罗宾诺编辑的一卷，卷名为：《杜尔哥：政绩和经济论文》，其中包括《关于财富的形成和分配的考察》、《古尔内颂》、《废除徭役制度》以及《取消手工业同业公会的公告》。在沃克·史蒂芬斯所著的《杜尔哥的生平和著作》（1895年出版）中，我们可找到《古尔内颂》和对杜尔哥著作许多方面摘要的译文。

杜尔哥传记的主要来源是杜邦·德·奈木尔所著的

《关于杜尔哥的生平及其著作》(1782年出版)。杜尔哥的朋友康多塞于1786年所著的《杜尔哥的一生》(1787年译为英文)提供了部分额外细节。在《政治学小辞典》第六卷由利佩特博士所写的一篇文章中,我们可以找到与杜尔哥有关的作品目录。其中最著名的(因作者身份显赫而著名)有:里昂斯·德·拉维尼1870年在《18世纪的法国经济学家》上发表的论文;约翰·摩莱1877年在《评论杂志》上发表的论文;里昂·萨伊于1887年所著的杜尔哥传记。这本传记由古斯塔夫·马森于1888年译为英文。在极少数真正公正评价杜尔哥在法国历史上地位的著作中,读者可参见米·艾伯特·索雷耳所著的《欧洲与法国大革命》(1885年出版)第一卷,第209~213页。

《关于财富的形成和分配的考察》这本书是杜尔哥1766年底为两位中国青年而写的。这两位中国青年一直在法国求学,当时得到皇家资助正要返回祖国。当时的法国经济学家一般认为中国是少有的开明统治之国(参见德·托克维尔的《旧政体》,第三卷,第3章)。人们期望这两位中国青年能让他们的欧洲资助人持续不断地了解中国的内部情况。杜尔哥为他们列出了须回答的一系列问题,并写成了《关于财富的形成和分配的考察》这本书,以使他们能更好地理解这些问题的目的[参见本书附录中的摘录(六)]。1769年,他同意了杜邦·德·

奈木尔的一再请求，把这本书交给他在杂志上连续发表。当时杜邦正主编重农学派的学刊《公民评论》，经常缺乏稿件。杜尔哥的作品发表于《公民评论》1769年第11期和第12期以及1770年的第1期。不过，实际上直到1770年1月、2月和4月才发行。

米·格·谢尔最近指出（参见他的《杜邦·德·奈木尔和重农学派》，1888年版，第126~129页，以及他为《经济学家学报》1887年7月刊所写的一篇文章），杜邦没有征询杜尔哥的意见，就自作主张不止一处地修改了他的原作。在第十七节，他把"人类习俗"和"民法"这两个词前面的"人类"和"民"都删掉了，并且在"他们不再耕种土地"这句话后面加上"这是作为原始农业所垫付的代价，由此他们使这些土地能由人们耕种，这笔垫付可以说是与土地结合在一起了"。杜邦还把杜尔哥原著中关于由奴隶耕种土地的那一节（第二十一节）改为了三节；他增添的部分（比杜尔哥原稿更长）不仅强调奴隶制的道德罪恶，还认为奴隶劳动甚至对奴隶主也无利可图。在原著第五十五节的标题和开头几句中，杜邦把奴隶属于可动财富这个观点完全删掉了。杜尔哥对此极为恼怒［参见本书附录中摘录（七）和摘录（八）］，他坚决抗议杜邦擅自修改第3期的原稿。但杜邦不肯不加批判地刊登杜尔哥在第七十八节关于储蓄是资本源泉的文字,因而他在后面附上一段冗长的注释,强调"资本的形成来自从收入中节约支出的部分远远少于来自精明运用支出的部分"〔参见本书附录中的摘录(九)〕〔英译本有误,附录中的摘录(九)根本无此段文字。——中译本注〕;他还增加了一两段其他并不相干的注释。他在全书许多细微之处都修改了原作者的观点。

杜尔哥坚持在即将出版发行的《关于财富的形成和分配的考察》单行本中校勘正文,并加入由他本人拟出的勘误表。这件事后来确实办到了,但据谢尔说,仅印了100~150本,并且几乎一本都没保存下来。1788年出版发行的修订本也同样稀少。最奇怪的是,当1808年杜邦编辑杜尔哥的《文集》时,他大胆地再版了《公民评论》的老版本;而德尔又把这个版本照搬进他的1844年的版本里。直到1889年,人们才看到《关于财富的形成和分配的考察》的原貌。米·谢尔和米·罗宾诺均声明,在罗宾诺出版的《经济学微型丛书》——杜尔哥卷中,原文已被恢复了。就杜尔哥的每个基本观点来说,事实无疑是如此;但将罗宾诺的版本与《公民评论》的版本,以及下面将提到的1793年的英译本相对比,就会发现关于杜尔哥原著原貌的一些目前还不能回答的许多奇怪的小问题。杜尔哥的继承人,以及与《经济学家学报》和吉劳敏家族有关系的那些人,应该乐意为这本书提供一种真正的经过认真审订的版本。还必须指出，除非杜尔哥去世后由杜邦出版的其他著作的手稿能恢复原貌，否则这些著作必然存在某些疑问。

1793年，伦敦出现了一本关于《关于财富的形成和分配的考察》的匿名英译本，从内容上看，明显是根据1788年的版本译出的。1859年，吉·罗·麦卡洛克把这个版本重印于《奥佛斯通丛书》中的一卷（《经济学短文孤本珍本选集》）。本书编者的原意只是重印这个译本，但一经审核，很快就发现这样不可行。1793年的英译本最初几段的译文相当不错，可不久一些重大错误就开始出现了，例如，第二十五节的标题原文为"对分佃耕制"（Colonage partiaire）竟译为"局部殖民制"（Partial Colonization）。越往后译文越差，到了后半部分，许多段落令人完全无法理解。这明显是出版社所雇枪手之作，译者对杜尔哥的论述方式毫不理解。麦卡洛克差不多也没读过这个译本。

因此，本书编者大胆尝试推出一个新的英译本，即以米·罗宾诺的版本为依据，然后再参照《公民评论》的版本。这里要感谢塞利格曼教授将他的《公民评论》借予本书编者。本书编者试图营造某种类似于杜尔哥本人文体所具有的那种效果。的确，杜尔哥的文体不雅，有时甚至是粗俗的，并且所用词汇也非常有限，但很直接明了，是事业家所特有的文体。当然，杜尔哥的思想很抽象，就像他所属的那个集团的思想一样。不过，尽管译文偶显生涩，但译者已力求尽量保留杜尔哥措辞的严密性。亚当·斯密的用词多少有助于译者的这种尝试。例如，把"richesses"（财富）译成"riches"，把"la société"（社会）一般译成"the society"，等等。有时一个单词如"denrée"（农作物），在原著中先用于较窄的意义，后又用于较广的意义，因而译者就采用了不同的译法。为了避免误解作者的原意，当原文是专业术语或用来表达不止一种意义时，或是出于其他明显的理由，译者在注释中提供了法文原文。《公民评论》版本所采用的标点（例如用冒号或分号把两三个句子衔接起来），比现代文本的标点更能清晰地表达各观点间的联系，因而本书沿用了这种标点方式。在采用大写字母（读者会注意到，比在《公民评论》第3期中使用大写字母之处少得多），以及版式各处细节，本书也都模仿了《公民评论》的版本，希望多多少少能保留一些18世纪的韵味。

  读者会发现，本书附录中的杜尔哥书信摘录，非常有助于理解他的经济理论。摘录（一）、摘录（三）和摘录（五）中所摘录的杜尔哥书信，早在1849年就已由吉·赫·伯顿发表于《名人致大卫·休谟的书信集》。而摘录（二）和摘录（四）中所摘录的休谟书信，只是在近几年才在里昂·萨伊主编的《大卫·休谟：经济文集》中公之于众。这部文集于1888年出版，是《经济学微型丛书》中的一种。杜尔哥与休谟的书信来往主要与卢梭有关，涉及经济问题的文字在全部书信中只占一小部分。休谟写给莫雷累的那封有趣的信［摘录（十）是这封信的一个片断］，也发表于萨伊主编的《大卫·休谟：经济文集》中。摘录（六）至摘录（九）摘自谢尔为《经济学家学报》所写的那篇论文，以及前述已经提及的《杜邦与重农学派》一书中所载的以前未发表的杜尔哥的书信。《杜邦与重农学派》这本书，对于所有重农学派的研究者而言，都是不可或缺的材料来源。

　　请允许译者在完成这本书的翻译时补充两点看法。第一，尽管杜尔哥不喜欢以魁奈为中心的那个圈子所具有的狭隘宗派主义精神，尽管在该学派学说的次要问题上杜尔哥自由地表达了异议，但他的全部经济思想仍为重农学派的基本概念所支配，并且这些基本概念在《关于财富的形成和分配的考察》中得到最简要、最明晰的表达。第二种看法由最近关于亚当·斯密与杜尔哥或整个重农学派的关系的讨论而受到启发。尽管这次讨论最近已产生一些有价值的文章（斯·费尔波根：《斯密与杜尔哥》，1892年出版；埃·坎南为自己主编的《斯密演讲集》所写的导言，1896年出版；赫·希克斯在《经济学报》1896年12月刊上发表的文章；伍·哈斯巴赫在《政治学季刊》1898年1月刊上发表的文章），可我们不能认为讨论就此结束了。现在一般都承认，亚当·斯密的著作中有不少部分都明显具有重农学派的特征。而且人们也许会发现，重农学派对《国富论》写作的贡献在另两方面甚至更大——它使亚当·斯密想出许多他本人永远想不出的问题，并为他提供了一些他本人永远想不出的术语。

杜邦·德·奈木尔导言

(原载《公民评论》,1769年11月刊,第12页)

我们恳请本书作者用他的著作来充实我们的刊物已经有很长时间了,但他一直没有痛快地答应。因为他尚未最后整理出对其理论的说明;也因为这些理论是他三年前为了一个特殊目的而非常匆忙付诸的文字,他觉得自己研究这个主题的方法似乎还不够直接;还因为由于上述理由,他有时便不得不反复研究;同时还因为,他觉得这样会引起反对意见,而如果他能以更系统的方式来表达主题,这些反对意见则可以很容易避免。每当我们同他谈到这本书时,作者本人都严格地批评自己的作品,而我们却丝毫不怀疑他有相当能力可以使这本书更完美。然而由于他所处的职位重要,分身乏术,所余时间太少,因而不可能指望他有更多的时间让这本书达到他自己满意的程度。实际上，就他现在的这些未经完全整理的理论观点，就足以构成一部非常有趣、有效并对得起它所讨论的主题的书了。我们坚请他允许我们在我们的刊物上登载他的这些理论观点，他最终为了友谊付出了以前我们同他争论时一直不肯付出的牺牲。

关于财富①的形成和分配的考察

第一节　假设平均分配土地，每个人仅拥有维持其生活所必需的土地，则不可能存在商业

如果将土地分配给一国所有居民，使他们每人拥有的土地恰好是维持其生活所必需的，且没有多余，则显然他们所有人都是平等的，没人愿意为他人工作。他们中任何人也不会拥有可偿付他人劳动的东西。因为每人仅拥有生产其生活资料所必需的土地，必然会消费掉其全部所得，从而无法提供任何东西用来交换他人劳动。

第二节　上述假设未曾存在过，但即使存在也不可能持续。土壤的差异性和需要的多样性导

---

① 原文为法文：Des richesses。

致了土地产品与其他产品的交换

这种假设从来不可能存在。因为土地在被分配前已被耕种了。这种耕种本身向来是分配土地和保障个人财产的法律的惟一动因。对于那些最早开始自力更生耕种土地的人,可能会在自己能力许可的情况下尽可能地耕种更多的土地,从而超出维持自身生活所必需的土地的数量。

即使这种假设曾存在过,也不可能持久。如果每个人从自己的土地上仅得到生活所必须的资料,没有可用来偿付他人劳动的东西,他就不能满足自己居住、衣着等其他方面的需要,除非他自己动手去做。这几乎是不可能的,因为*任何土地都不会生产出所有原料*。

如果第一个人的土地仅适于种植谷物,既不能生产棉花也不能生产亚麻,但他会需要亚麻布为自己做服装;第二个人可能拥有适于种植棉花而不能生产谷物的土地;第三个人可能需要木材燃火;第四个人则可能需要谷物充饥。经验不久就教会每个人他的土地最适于种植什么作物,他就会专门种植这种作物,以便通过与邻居交换来获得他所需要的东西。他的邻居也得到同样的经验,会种植最适于他们的土地的作物,① 从而放弃种植任何其

---

① 原文为法文:La denrée。

他作物。

第三节 土地产品需要长期和艰辛的生产过程才能满足人类的需要

土地生产的用来满足人类各种需要的产品，其中大部分在自然界赋予的状态下不能满足这种需要，它们必须经历各种变化并经过人类加工。小麦必须先磨成面粉然后才能制成面包；兽皮必须经过修整或硝制；羊毛和棉花必须经过纺织；蚕丝必须从蚕茧中抽出；大麻和亚麻必须经过浸泡、脱皮和纺织，并织成各种织物，然后经过裁剪和缝纫才能制成服装。如果一个人在自己的土地上生产耕种这些不同的产品，并用这些产品来满足自己的需要，那他就必须亲自操作所有这些加工过程。可以肯定，其结果会非常糟糕。这些加工过程中的大部分都需要加以照料和关注，并且必须具有长期的经验，而所有这些都只有通过不断的劳动和使用大量原料才能得到。以皮革加工为例，这种加工过程历时数月，有时历时数年，什么劳动者能完成这一过程所有必需的细节呢？即使他能做，他能为了一张皮革而这样做吗？这在时间、空间和原料等方面是多大的损失！这些时间、空间和原料本可以用来同时或随后鞣制成大量兽皮；而且，即使他能成功地鞣制一张皮革，而他需要的是一双皮鞋，那他该如何处理这张剩余的皮革呢？他会杀一头牛来做这双鞋吗？他会砍倒一棵树来做一双木鞋吗？我们对每个人的所有其他需要都可以同样说，如果一个人必须靠自己的土地和劳动来解决，则他会浪费大量时间，还需克服很多麻烦，且各方面得到的东西都很差，自己的土地也耕种得很糟。

第四节　这些加工过程的必要性导致了以土地产品交换劳动

促成不同土壤的耕种者之间交换产品的动因，也必然同样导致耕种者与社会另一部分人——这部分人宁愿选择土地产品的制作和加工而不愿耕种——之间的产品和劳动的交换。每个人都从这种交换中获益。因为每个人都专注于一种劳动，其成果必然好得多。农夫①能从自己的土地上得到土地所能生产的最多的产品，通过用自己的剩余产品去交换，他能比用自己的劳动去生产时更便利地获得他所需要的所有其他东西。鞋匠通过为农夫制鞋，获得后者收成的一部分。每个人都为了满足所有其他行业的人们的需要而劳动，其他行业的人也为他而劳动。

---

① 原文为法文：Le Laboureur。

第五节　生产原料的农夫比加工原料①的工匠更重要。农夫是劳动流通的最先发动者;② 是农夫使土地产出所有工匠的工资③

我们必须明白,农夫为所有人提供最重要和最多的消费品(我指的是人们的食物和几乎所有工业的原料),从而拥有独立性更大的优势。在社会不同成员分担的各种劳动中,④ 他们的劳动同样是更重要和更优先的,正如他们当初独自劳动,不得不自己动手满足自己的各种需要时,获取食物比其他各种劳动更重要和更优先一样。这不是荣誉或体面方面所体现出的重要,而是*生理所必需*的。一般地说,农夫没有其他工人为他们劳动也能生存,但如果农夫不提供生存资料,则其他工人就不能劳动。通过这种互通有无的劳动流通,人类相互依赖,从而形成社会的纽带。因此,农夫的劳动是劳动流通的原始动力。⑤ 农夫的劳动使土地生产出超出自己需要的那部分产品,它是社会所有其他成员得到的作为其辛劳报酬的工资的惟一基金。当后者利用这种交换所得再购买农

---

① 原文为法文:Qui prépare。
② 原文为法文:Le premier mobile。
③ 原文为法文:Le salaire。
④ 原文为法文:L'ordre。
⑤ 原文为法文:Donne le premier mouvement。

夫的产品时,只是将自己从农夫那里所得到的全部又返还给农夫。这里存在着两种劳动之间最根本的区别。必须思考这种区别,并了解其依据的事实,才能理解这种区别所产生的无数后果。

第六节 工人①的工资受限于那些为生计而工作的工人们之间的竞争。他所得到的只能维持自己的生活②

只能依靠自己双手和勤劳的工人,除了能将自己的劳动③出卖给他人以外,就一无所有。他以或低或高的价格出卖自己的劳动,但这种或低或高的价格并不完全由他本人决定,而是他与购买他的劳动的人协商的结果。后者尽量少付工资,由于他有大量工人可供选择,他会优先选择工资最低的那个人。因此,工人们不得不通过彼此竞争④从而降低这一价格。在任何行业必然出现的情况是,工人的工资仅限于维持其生计所需的东西,而事实上也的确如此。

---

① 原文为法文:L'Ouvrier。
② 原文为法文:Sa vie。
③ 原文为法文:Sa peine。
④ 原文为法文:À l'envi les uns des autres。

第七节 农夫是惟一的劳动产出超过自己劳动工资的劳动者,所以,他是所有财富的惟一源泉①

农夫的处境则截然不同。土地不受任何他人或协议的影响而能够将农夫辛劳的代价直接偿付给他。自然界并不与他讨价还价以迫使他满足于自己所绝对必需的东西。自然界所赐予他的,既不受限于他的需要,也不受限于他的劳动日价格的协议估值。② 这与其说是他的辛劳和用来培育沃土的手段的结果,还远不如说是沃土和智慧相结合的自然的结果。一旦农夫劳动的产出超出其必要的数量,他就能用自然界在他的劳动工资之外自愿给予他的这种剩余产品,来购买社会其他成员的劳动。后者在向农夫出售劳动时,只是维持生计;而农夫除了基本生计外,还得到可以自由支配的独立的财富。这笔财富不是他所购买的,而是他能出售的。所以,他是那种通过流通而激发社会各种劳动的财富的惟一源泉。因为他是惟一的劳动产出超过自己劳动工资的劳动者。

---

① 原文为法文:L'unique source de toute richesse。
② 原文为法文:Une évaluation conventionnelle。

第八节 社会首先被划分为两个阶级：一个是生产阶级，① 即耕种者阶级；另一个是工薪阶级，② 即工匠阶级

这时，由于事物属性的必然，全社会就被划分为两个阶级，这两个阶级均是辛勤劳动的阶级。③ 其中一个阶级通过自己的劳动生产出——更准确地说是从土地中提取出——财富，这些财富不断更新，为全社会提供生活资料，为它的全部需要提供原料。另一个阶级则从事上述原料的加工，使其具备适于人们使用的形式。这个阶级将其劳动出售给第一个阶级，换回自己的生活资料。第一个阶级可称为*生产阶级*，第二个阶级可称为*工薪阶级*。

第九节 在社会最开初的时代，还不能将土地所有者与耕种者区分开来

迄今我们尚未将农夫与土地所有者④区分开来。实际上，最初他们并未如此泾渭分明。正是通过那些最早耕

---

① 原文为法文：Productrice。
② 原文为法文：Stipendiée。
③ 原文为法文：Toutes deux laborieuses。
④ 原文为法文：Propriétaire。

种土地并为了确保收获而圈占土地的人的劳动,所有土地才不再为大家所公有,私有土地制度才确立。在社会组织尚未形成,公共力量——即比个人力量更具优势的法律——还不能保障每个人安享自己财产,不受外来侵犯之前,要确保土地产权,只有靠过去获取土地的办法,即不断耕种土地。土地所有者并不放心让别人帮自己耕种土地,因为那个承担所有劳动的人很难理解并不是全部收成都归自己。另一方面,在那个早期年代,每个勤劳的人想要多少土地就能找到多少土地,他不会想着去为他人劳动。其结果必然是,每个土地所有者必须耕种自己的土地,否则必须完全放弃土地。

第十节　社会的进步;所有土地都有了主人

后来土地上开始有人居住,且越来越多的土地被人开垦。最好的土地随着时间的流逝最后全部都被人占有了,为后来者留下的只有先行者不要的贫瘠的土地。不过到最后,不管好坏土地都找到了主人。那些不能得到产权①的人这时没有其他办法,只能从事工薪阶级的某些行业,用自己双手的劳动交换从事耕种的土地所有者的剩余产品。

---

① 原文为法文:Propriétés。

第十一节 在受雇的耕种者的帮助下，土地所有者开始从耕种劳动中解脱出来

既然土地不仅为其所有者提供了生活资料，而且提供了他用来交换所需其他物品的东西，还提供了可观的剩余，土地所有者就能够用这种剩余来雇用他人为自己耕地。对于以工资生活的人来说，从事耕种劳动与其他行业是一样的，因而土地所有者就有可能从耕种劳动中解脱出来。不久，这种可能就成为了现实。

第十二节 产权分配的不平等——这种现象不可避免出现的原因

如前所述，最初的土地所有者会在自己力所能及的情况下耕种土地，并与他们的家庭成员尽可能多地占有土地。一个更强壮、更辛勤、对未来更关注的人，会比性格特点与其相反的人占有更多的土地。一个家庭成员较多的人，对生活必需品的需要较多，人手也较多，就可以进一步扩大占有更多的土地。这是不平等的第一个原因。任何土地的肥沃程度都各不相同，两个拥有同样多土地的人，所获收成也许极为不同。这是不平等的第二个原因。当土地从父辈传给儿女时，根据后代人数的多寡分成若干或大或小的部分。在一代接一代继承时，

这些遗产有时再次分割，有时则因某些宗嗣断代又合并起来。这是不平等的第三个原因。某些人好学、活跃，并且最重要的是，他们还节俭；而另一些人则懒惰、迟钝和浪费。这两者之间的差别是不平等的第四个原因，并且是最重要的原因。粗心大意、不关注未来的土地所有者，耕种得很差，在丰年挥霍掉自己的全部剩余，即使遭遇最小的意外，也不得不求助于他的比较有长远打算的邻居，以借贷为生。如果发生新的意外，或者他继续疏于耕种，则他会无法清偿债务。不但如此，他还会欠下新的债务。于是，他只好放弃自己地产[①]的一部分甚至全部，送给债权人以作为债务的等值物；或者出让给另一个人以交换其他有价值的东西，以此履行自己对债权人的义务。

第十三节　这种不平等的后果：土地耕种者和土地所有者区分开来

这样，土地产权就可以购买和出售了。挥霍或遭遇不幸的土地所有者所失去的土地，增加了比较幸运或勤劳的土地所有者的土地。在这种产权无穷无尽变化的情况下，大量土地所有者必然拥有超过自己所能耕种的土地。此外，对于富人来说，希望能安享财富，这是很自

---

① 原文为法文：Son fonds。

然的事情。他宁愿将自己剩余的一部分土地给予他人来为他工作，而不愿将自己的全部时间都用于辛勤耕作。

第十四节 土地耕种者与所有者之间的产品分配。纯产品①或收入

经过这种新的安排，土地产品被分成两部分：一部分包括农夫的生活资料和利润，这是他的劳动报酬，也是他同意为土地所有者耕地的条件；剩余的另一部分是独立的、可以自由支配的那部分，这是土地生产出来作为纯粹礼物送给土地所有者的超过他已经垫付②的那部分。正是有了土地所有者的这部分产品或*收入*③，他才能不必劳动而生活，并将其带到任何地方去出售。

第十五节 社会重新划分为土地耕种者、工匠和土地所有者三个阶级，或生产阶级、工薪阶级和可自由支配阶级④

这时，我们可以看出，社会划分为三个阶级：农夫

---

① 原文为法文：Produit net。
② 原文为法文：Avances。
③ 原文为法文：Revenu。
④ 原文为法文：Classe disponible。

阶级，我们可称为*生产阶级*；工匠及其他赖以*以土地产品为生*的阶级；土地所有者阶级，这是惟一一个可以不必为生活所需而只从事某种劳动的阶级，他们可以从事战争及司法行政等一般的社会性工作。对于这些工作，他们可以亲自去从事，也可以付出收入的一部分由国家雇用其他人来完成这些工作。因此，最适合这个阶级的名称就是可*自由支配阶级*。

第十六节 两个劳动①阶级或不能自由支配阶级间的相似之处

土地耕种者和工匠这两个阶级在很多方面都很相似，尤其是他们的成员都没有收入，都以付给他们的由土地产品相对应产生的工资为生。两者还有以下共同点：他们所得到的只是自己的劳动和垫付的代价，并且这两个阶级所付出的代价几乎相同。土地所有者与为他耕种土地的人协商，希望以尽可能少的一部分土地产品付给耕种者，正如他与鞋匠讨价还价那样，希望以尽可能低的价格买鞋。总而言之，土地耕种者和工匠的所得，均未超过对他们劳动的报酬。②

---

① 原文为法文：Laborieuses。
② 原文为法文：La rétribution。

第十七节　两个劳动阶级间的根本区别

但这两种劳动间存在以下区别：土地耕种者的劳动不仅生产自己的工资，而且还生产用来偿付①各门类工匠和其他工薪阶级的收入；而工匠所得只是自己的工资，也就是他们用劳动交换来的那部分土地产品，而他们自身的劳动不生产任何实物形式的收入。土地所有者看重的只是土地耕种者的劳动。他们从土地耕种者那里获得他们的生活资料，以及用来偿付其他工薪阶级劳动的东西。他们需要土地耕种者是由于自然秩序的必要性。根据这种必要性，土地没有劳动就不能产生丰裕的收入。但土地耕种者只是出于人类习俗和民法才需要土地所有者。这些习俗和民法保障最初的土地耕种者及其后代占有土地的所有权，即使他们已不再耕种这些土地。但这些法律只能保障这些闲人获得在土地耕种者应得报酬②之外的那部分土地产品。尽管土地耕种者只能得到他们劳动的报酬，但他们仍保持那种自然和物质方面的首要地位。这种地位使其成为整个社会机器的第一发动者，使得土地所有者的生活资料和财富，还有任何其他劳动者的工资，都依赖他们的劳动。相反，工匠只是从土地所

---

① 原文为法文：Salarier。
② 原文为法文：La rétribution。

有者或土地耕种者那里得到他们的工资,① 而且在通过交换得到报酬时,这种报酬所给予他们的也只是等值劳动,除此之外没有多余。

因此,尽管土地耕种者和工匠所得都不会超过他们的劳动报酬,但耕种者的劳动除了这种报酬外,还为土地所有者生产了收入,而工匠既不为自己也不为他人生产任何收入。

第十八节 这种区别使其进一步区分为生产阶级和不生产阶级

这样我们就可以把这两个不能自由支配的阶级区分为*生产阶级*或土地耕种者阶级,以及包括社会所有其他领薪成员的*不生产*②*阶级*。

第十九节 土地所有者如何从其土地上获取收入

不亲自耕种自己土地的土地所有者,可采用各种不同方法来耕种土地,即与那些耕种他们土地的人达成不同协议。

---

① 原文为法文:Son salaire。
② 原文为法文:Stérile。

第二十节　第一种方法：由那些领取工资[①]的劳动者来耕种

第一，他们可以按日或按年雇人耕种他们的土地，然后自己保留全部产品。这种方法的前提是，在获得收成以前，土地所有者负担所有垫付，包括种子和劳动者的工资。但这种方法要求土地所有者付出大量心血，只有他才能指导佃户们进行劳动，监督他们充分利用时间，观察他们是否忠诚会不会偷窃任何产品。诚然，他可以雇一个更聪明且忠诚的人，由这个人担任管理者和指导者并管理产品账目；但他总会面临受欺骗的危险。而且，这种方法代价极大，除非有大量人口或其他职业缺少就业机会而迫使佃户满足于极低的工资，否则这是不可能做到的。

第二十一节　第二种方法：由奴隶来耕种

在社会刚开始形成的时期，几乎不可能找到愿意耕种别人土地的人。因为此时土地尚未被人们全部占有，愿意劳动的那些人宁愿开垦新的土地，耕种新的土地。这与所有新殖民地的情况大致相同。

[①] 原文为法文：Salariés。

在这种情况下，强暴者就想到了以暴力强迫别人为他们劳动。于是，他们就使用了奴隶。从这些不违反人类所有法律就不能把别人变成奴隶的人那里，奴隶不可能希望得到正义。此时，自然规律保障这些奴隶从他们种植的产品中得到他们应该得到的那部分生活资料产品。因为他们的主人为了利用他们的劳动，必须养活他们。但这种报酬仅限于维持最低生计的必需品。

这种可恶的奴隶制度从前很普遍，甚至遍及地球大部分地方。古人进行战争的主要目的就是掠夺奴隶，征服者可以强迫这些奴隶为他们劳动或将奴隶卖给他人。这种掠夺行为和贸易现在仍在几内亚沿岸非常残酷地继续进行。到那里购买黑人去开发美洲殖民地的欧洲人纵容了这种现象。

贪婪的奴隶主强迫其奴隶过度劳动，导致许多奴隶死亡；为了保持耕种所必需的奴隶数量，有必要通过这种贸易每年提供大量奴隶。战争是这种贸易的主要来源。显然，只有在各地域被划分为极小的国家不断相互掠夺且不停作战的情况下，这一来源才能得到保障。假设英国、法国和西班牙之间进行最激烈的战争，受到入侵的地区也只有在各国边境且仅限于少数地区，而各国所有其他地方仍将安宁。这样各方俘获的少数俘虏，对于这三个国家中任何一方的农业而言，都不能够提供足够的奴隶来源。

第二十二节 由奴隶进行耕种的方法不能在大型社会中继续实行

因此，当人们组成大型社会时，新增奴隶的数量就不足以维持农业所需。尽管人类劳动可由牲畜替代，但土地不再由奴隶耕种的时代终将来临。那时奴隶的使用将仅限于家务劳动并最终完全废止。因为随着各国日渐文明，国家间会达成交换战俘的公约。由于任何个人对免于沦为奴隶的危险都极为关注，这种公约就更易达成。

第二十三节 继真正所谓的奴隶制度之后的是人被束缚于土地的制度[①]

原来从事耕种的首批奴隶的后代改变了他们自己的状况。由于许多国家间的和平，不再有满足过度使用奴隶这一需要的贸易了，奴隶主不得不向奴隶显示更多体恤。那些出生于奴隶主家的奴隶，由于从小就习惯于自己的生活状况，对这种状况的愤恨就比较少，奴隶主就不那么需要用严酷手段来控制他们。渐渐地，他们所耕

---

① 原文为法文：L'esclavage de la glêbe。

种的土地成为他们的故土。除了他们的主人的语言外，他们没有其他语言；他们成为这个国家的一部分；他们彼此逐渐熟悉起来。结果是，主人开始以信任和人道的方式来对待他们。

第二十四节　继人被束缚于土地的制度之后的是领地制度，奴隶成为土地所有者。第三种方法：让渡土地①换取一定回报②

对奴隶为自己耕种田地，③ 奴隶主需要对他们进行管理和照料以及费心为他们提供住所。奴隶主通过使奴隶对耕种土地感兴趣，并以这些奴隶向他缴纳一部分收成的条件给予每个奴隶一块土地，便使自己更自由、更轻松和更安全地享用自己的家产。某些奴隶主暂时这样安排，给予其*奴隶*的只是完全可以收回所有权的土地；另外一些奴隶主则将土地永久转让给奴隶，条件是他们每年必须以实物或货币形式缴纳地租，并承担一定的劳役。那些根据规定条件接受土地的奴隶，最后以*佃农*或*领地人*的名义，成为了土地的所有者和自由人，而原来的土

---

① 原文为法文：Le fonds。
② 原文为法文：Une redevance。
③ 原文为法文：Un bien。

地所有者，仅以*领主*的名义，保留了强征地租和其他规定义务的权利。这就是欧洲大部分地区的情形。

第二十五节　第四种方法：*对分佃耕制*[①]

在缴纳地租的条件下已成为自由领地的这些土地，由于继承和出售，仍可改变其主人，仍可分割和合并。这时，轮到领地人拥有比他自己所能耕种的更多的土地了。一般情况下，这些土地须缴纳的地租并非太多，只要好好耕种，耕种者就能支付所有垫支，并保证自己能得到生活资料以及作为某种收入的剩余产品。因而，作为土地所有者的*领地人*，也想不劳动而享有这种收入，让自己的土地由他人来耕种。从前，大多数领主所出让的那些土地，只是离他们最远的土地，而他自己保留的则是那些耕种成本较低的土地。由于靠奴隶来耕种不再可行，因此，吸引自由人来耕种不属于他们的土地的最初并最简单的方法，是放弃一部分果实给他们；这种方法可吸引他们比领取固定工资的人更好地耕种土地。最常见的分配方法就是将果实一分为二，一半果实归农民，[②] 一半果实归土地所有者。由此才出现了"*对分佃*

---

① 原文为法文：Colonage partiaire。
② 原文为法文：Le Colon。

农"这个名称，即等分果实的农民。在法国大部分地区都存在的这种安排中，土地所有者负责耕种方面的所有垫付。这就是说，从农民开始*对分佃耕*的那一刻起，直到第一次收获前，土地所有者就自费提供耕畜、犁锄等其他农具、种子以及维持农民及其家庭成员生活的各项费用。

第二十六节　第五种方法：土地的包租[①]或出租

富裕而聪明的耕种者看到，如果不惜劳动和费用进行积极而有效的方法耕种土地，就能使土地产出更多。他们有理由断定，如果土地所有者在每年收到固定收入并无须承担所有耕种费用的条件下，同意在一定年限内放弃全部收获，那么他们的所获会更多。这样他们就能确定，他们的支出和劳动所带来的增产将完全属于他们自己。至于土地所有者，他们也因此得到以下好处：一是能够更安心地享受自己的收入。这是因为他们不必去操心各种垫付以及管理产品账目；二是他每年收到的包租出去的土地代价相同并更可靠，从而得到更平稳的收入和享受。这是因为他们不必再冒损失预付的风险，而且承包者为包租土地所购置的耕牛和其他动产都成为他

---

① 原文为法文：Fermage。

们应收地租的抵押品。另外，由于租期①仅几年，如果佃户所付地租过低，他们则可在租约期满时提高租金。

第二十七节　最后一种方法最有利，但前提是该地区已很富庶

这种出租土地的方法对于土地所有者和土地耕种者都最有利。只要是有能垫付耕种必需费用的富裕耕种者的地方，都普遍实行了这种方法。由于富裕耕种者的境况能为土地提供更多劳力和肥料，从而大大增加了土地的产量和收入。②

在皮卡迪、诺曼底、巴黎周围和法国北部大多数省份，土地由承包者③耕种；在南部各省，土地则由对分佃农耕种。所以法国北部各省与南部各省相比因而更富裕，土地耕种得也更好，其优越程度无可比拟。

第二十八节　简要重述使土地能生产的各种方法④

我已经提到过使土地能生产的五种不同的方法，它

---

① 原文为法文：Le bail。
② 原文为法文：Biens fonds。
③ 原文为法文：Fermiers。
④ 原文为法文：De faire valoir les terres。

们因而能使土地所有者免于耕作而靠他人的劳动。

第一种方法是由领取固定工资的雇工来耕种。

第二种方法是由奴隶来耕种。

第三种方法是通过转让土地来收取地租。

第四种方法是将产品的固定份额——一般是一半——分给土地耕种者,由土地所有者垫付耕种所必需的各项费用。

第五种方法是将土地出租给承包者,由其垫付所有必需的费用,并保证在协定的年限内,每年向土地所有者支付固定的收入。

在这五种方法中,第一种方法成本太高而很少被采用;第二种方法仅用于仍愚昧而野蛮的国家;第三种方法与其说是一种放弃产权①换取货币的方法,还不如说是一种确保换取货币的价值的方法。因而,原来的土地所有者,准确地说,只是新的土地所有者的债权人而已。

后两种方法最常见,即在贫困地区由对分佃农来耕种土地,而在较富裕的地区则由承包者来耕种土地。

第二十九节 论一般的资本及货币的收入

另外有一种不必劳动而且不必拥有土地即可致富的

---

① 原文为法文:Une créance sur le fonds。

方法。我尚未谈到过这种方法。有必要说明其起源及与我刚才已概述的社会中分配财富的其他制度的关系。这种方法是以所谓的货币的收入为生的，即以贷款所得利息为生的。

第三十节　论商业中黄金和白银的用途

黄金和白银像其他东西一样是两种商品，① 价值不如许多其他商品，因为它们对于生活的实际需要毫无用处。为了说明这两种金属如何成为各种财富的代表性象征，② 如何影响商业活动，如何成为财富的组成部分，有必要回顾我们的最初原理。

第三十一节　商业的兴起。商品评价③的原则

相互需要最初导致人们的互通有无。人们用一种产品④交换另一种产品或劳动。在这种交换中，必须使交换双方确信所交换的每种产品的质量和数量。在这种协议中，每个人当然希望尽可能多地得到而较少地付出；由

---

① 原文为法文：Marchandises。
② 原文为法文：Le gage représentatif。
③ 原文为法文：L'évaluation。
④ 原文为法文：Une denrée。

于双方都是各自所交换产品的主人,各方须以自己所交换出去的物品的感情以及自己所希望得到的物品的欲望之间进行衡量,从而确定所交换的物品的数量。如果双方不能达成协议,则他们必须相互略作让步,或者多付出或者少收入。假设一方需要谷物而另一方则需要葡萄酒,他们同意以*一蒲式耳谷物交换六品脱 葡萄酒*。显然,双方都将 *一蒲式耳谷物* 和 *六品脱葡萄酒* 视为完全相等,并且在这次交换中,*一蒲式耳谷物* 的价格是 *六品脱葡萄酒*,*六品脱葡萄酒* 的价格是 *一蒲式耳谷物*。但在其他人进行的另一次交换中,这种价格可能随当事方对于对方商品的需要的迫切程度而发生变化;*一蒲式耳谷物* 也许能交换 *八品脱葡萄酒*,而另 *一蒲式耳谷物* 也仅能交换到 *四品脱葡萄酒*。现在,很显然,不能将这三种价格中的任何一种视为 *一蒲式耳谷物* 的真实价格①而将其他两种视为不是。对于交易中的每一方来说,一方所得到的葡萄酒等值于另一方所付出的谷物。总之,只要我们将每次交换视为孤立的行为,那么所交换的每种物品的价值,只能以交换双方互相平衡的需要或欲望来衡量,并只能由他们之间达成的协议来决定。

---

① 原文为法文:Le prix véritable。

第三十二节 商品交换的现行价值①是如何确定的

有时发生的情况是,同时有许多人要将自己的葡萄酒卖给拥有谷物的人。如果其中某人不愿意以多于*四品脱的葡萄酒*去交换*一蒲式耳谷物*,当谷物所有者知道其他人愿意以*六品脱或八品脱葡萄酒*交换这*一蒲式耳谷物*时,他就不会和这个人交换。如果前者决定得到谷物,他就被迫将出价提高到与其他人的出价相当。卖葡萄酒的人从卖谷物的人之间的竞争中渔利。任何人如果没有比较别人为他所需商品的出价,都不会决定放弃他的财物。他会接受最高的出价。葡萄酒和谷物的价值不再是由两个孤立的个人根据各自的所需和相互能力来决定,而是由所有②卖谷物的人的需要和能力③与所有卖葡萄酒的人的需要和能力之间的总体平衡来决定。那些愿意付出*八品脱葡萄酒*交换*一蒲式耳谷物*的人,当他们知道有个谷物所有者愿意付出*两蒲式耳谷物*交换*八品脱葡萄酒*时,就只会付出四品脱来交换*一蒲式耳谷物*了。介于不同的供给和需求之间的中间价格,④

---

① 原文为法文:La valeur courante。
② 原文为法文:La totalité。
③ 原文为法文:Les facultés。
④ 原文为法文:Le prix. mitoyen。

将成为所有买主和买主在交换中所遵循的现行价格。下面的说法是正确的：在一方的供给或另一方的需求减少导致这种价格发生变化前，对于每个人来说，六*品脱葡萄酒*就是*一蒲式耳谷物*的等值物，即*中间价格*。

第三十三节 商业赋予所有商品相对任何其他商品的现行价值；因此，所有商品都是一定数量的任何其他商品的等值物，它可视为代表其他商品的象征物

谷物不仅用来交换葡萄酒，还可用来交换谷物所有者可能需要的任何物品，如木材、皮革、羊毛及棉花等。对于葡萄酒和任何其他物品[①]来说也是如此。如果*一蒲式耳谷物*是*六品脱葡萄酒*的等值物，而*一只羊*是*三蒲式耳谷物*的等值物，则说明这只羊是*十八品脱葡萄酒*的等值物。拥有谷物而需要葡萄酒的人，可以方便地用他的谷物换来一只羊，以便以后用这只羊来换取他所需要的葡萄酒。

---

① 原文为法文：Denrée。

第三十四节　任何商品都可用做衡量所有其他商品价值的尺度或共同标准

　　由此可见，在一个商业繁荣、存在许多生产和消费并且对各种商品都有大量供给和需求的国家，每种商品都有与任何其他商品相关的现行价格，即一定数量的某种商品与一定数量的任何其他商品价值相等。因此，价值十八品脱的葡萄酒与此相对应的一定数量的谷物，也同一只羊、一块皮革或一定数量的生铁价值等同，即所有这些物品在交换中的价值都相等。为了表达或使人知道任何一种物品的价值，显然，说明可视为其等值物的任何其他已知产品的数量即可。所以，为了使人知道一块一定尺寸的皮革的价值，我们可以说它等值于*三蒲式耳谷物*，也可以说它等值于*十八品脱的葡萄酒*。我们可以同样以在商业中已有定价的若干只羊或若干蒲式耳谷物来表达一定数量的葡萄酒的价值。

　　可见，能作为商业对象的任何商品，可以说都能相互衡量；每种商品都可作为共同标准或比较尺度来表达任何其他商品的价值；同样，每种商品在其所有者手中，都成为获得所有其他商品的手段——一种普遍性的象征物。

第三十五节 并非每种商品[①]**都是同样便利的价值尺度。较妥当的是优先选择那些在质量上不易发生显著变化，并且其价值主要与数目或数量相关的商品**

但尽管所有商品基本上都具有这种代表任何其他商品价值的属性，即能够作为共同标准来表达任何其他商品的价值，并能够成为通过交换获得任何其他商品的普遍性的象征物，可并非所有商品都可同样便利地用于这两种用途。一种商品越是易于因其质量的变化而发生价值上的变化，[②] 就越难以使其成为衡量其他商品价值的尺度。例如，如果*十八品脱安茹省*出产的葡萄酒的价值等于*一只羊*，那么*十八品脱好望角*出产的葡萄酒的价值也许等于*十八只羊*。所以，如果一个人为了表达一只羊的价值而说它价值十八品脱葡萄酒，则所用语言就模棱两可了，并且没有准确表达自己的意思，至少在他添加一些说明前是如此，而这种说明极不方便。所以，我们在选择比较尺度时，不得不选择这种商品[③]：更普遍被使用，从而其价值更为人所知；彼此间更相似，从而其价

---

① 原文为法文：Marchandise。
② 原文为法文：À raison de。
③ 原文为法文：Denrées。

值与数量的相关程度比与质量的相关程度更高。

第三十六节　价值与数目或数量间缺少准确的一致性的情形，由平均估价①来弥补，这种平均估价成为一种真正的货币

在只有一种羊的地区，可以很方便地用一只羊身上一次所剪的羊毛或仅用一只羊作为估值的共同标准。我们可以说，一桶葡萄酒或一匹布的价值等于一定数量的羊毛或羊。实际上，羊群存在着某种程度的不相同因而不等值，人们在卖羊时，会估计到这种不等值，例如，将两只小羊认定为一只羊。当有必要评价其他商品的相对价值时，人们将一只中等年龄和中等质量的羊的一般价值定为估价单位②。鉴于此，用羊来准确表达价值就成为一种习惯，而"一只羊"这个词，在商业用语中仅代表一定的价值。在理解这个词涵义的人的心目中，这个词不仅是一只羊的概念，而且还是与其等值的一定数量的任何其他商品③的概念。这种表达方式在更多场合下是用于代表一种虚构和抽象的价值，而不是用于代表一

---

① 原文为法文：Une évaluation moyenne。
② 原文为法文：Pour unité。
③ 原文为法文：Des denrées。

只真正的羊的价值。如果某些羊群偶然发生了瘟疫，那么要买一只羊必须付出的谷物和葡萄酒的数量是从前的两倍，这时，人们宁愿说"*一只羊*"等值于"*两只羊*"，也不会改变已经习惯了的表达所有其他价值的表达方式。

第三十七节 举例说明成为表达价值的理想方式的那些平均估价

在任何国家的商业中，都有虚构的商品估价的许多例子。可以说这些估价只是表达商品价值的一种习惯用语。供应豪宅的巴黎厨师和鱼贩子一般*按"件"*出售商品。一只肥的小母鸡算做"一件"，一只小鸡算做半件，大致以季节变化或其他因素来计算。在美洲殖民地的黑奴贸易中，一船黑奴按照每个黑奴"一印第安件"的价格来出售。妇女和儿童的估价方法是，例如，三个儿童或者一个妇女加两个儿童算做*一口黑奴*。他们根据奴隶的体力和其他条件而提高或降低这种估价，因而某个奴隶算作"*两口黑奴*"。

与阿拉伯商人进行金砂贸易的曼丁哥黑人，用一种虚构的尺度来衡量他们所有商品的价值。这种尺度称为"*马库特*"，因而他们在贸易中告诉阿拉伯商人要付出多少*马库特*黄金。他们对买入的商品也这样用*马库特*来估价，并以这种估价为依据与那些商人讨价还价。同样，荷兰人用"银行弗洛林"作为估价标准。银行弗洛林只是一种虚构的货币，在商业中，它的价值有时高于或低于被称为*弗洛林*的那种货币的价值。

第三十八节 所有商品都是代表每种商业对象的象征物，但对其使用的多寡，则取决于它是否便于运输，是否便于保存而不变质

各种商品质量的不同，以及由此相应的价格的不同，使它们比其他商品更适宜或更不适宜作为一种共同的衡量标准，不过也多少妨碍它们成为价值相等的所有其他商品的代表性象征物。不过在后面这种属性方面，各种不同商品之间也存在着极大的不同。例如，显然，一个拥有一块布的人，与拥有同等价值的一桶葡萄酒的人相比，当他愿意交换谷物时，更有把握换来一定数量的谷物。因为葡萄酒这种东西会因为发生些许意外进而丧失它的全部价值。

第三十九节 所有商品都具有货币的两种基本属性，即衡量和代表所有价值；从这个意义上

说，所有商品都是货币

作为所有价值的共同衡量标准和价值相同的所有商品的代表性象征物，商品的这两种属性，包括了所有构成所谓货币的本质和效用的东西。根据我刚才已经提供的细节，可以说，某种程度上所有商品都是*货币*，而且按照其性质都或多或少具有这两种基本属性。所有商品都根据用途是否普遍、质量是否接近以及是否易于平均分割，而或多或少地适于作为一种共同衡量标准。所有商品也都按照在数量和质量方面是否易于发生变化，而或多或少地适用于作为交换的普遍性象征物。

第四十节 反之，基本上所有货币都是商品

我们只能把那些具有一种价值、在商业中交换其他物品时可以被接受的东西，作为衡量价值的共同标准，除了某种具有同等价值的东西外，没有任何一种东西可作为有普遍代表性的价值象征物。因此，不可能有常规货币。

第四十一节 不同物品均能够作为并且已经作为流通货币

许多民族在其语言和贸易中，用比较贵重的不同物

质作为衡量价值的共同标准。在某些未开化民族中，现在还使用一种称为"*考利斯*"的小贝壳作为货币。我记得在大学读书时，见过同学们在一些游戏中用杏黄色的石子作为一种货币，相互交换并流通。我前面也谈到过用牲畜头数来估价。我们可从摧毁罗马帝国的古代日耳曼民族的残留法律条文中发现这些事实。早期罗马人，或至少他们的祖先拉丁人，也用牲畜来估价。据说，他们用黄铜铸造的最初货币，就代表一只羊的价值，并且上面铸有一只羊的形象；"货币（pecunia）"这个名词就源于"牲畜（pecus）"。这种推测的可能性极大。

第四十二节　金属，尤其是黄金和白银，最适用于这种目的。理由陈述

我们现在谈到在商业中采用贵金属。所有金属在被人类发现后，人类就根据其实际效用用于交换。它们所具有的光泽使得人们寻找它们作为装饰品；它们所具有的柔韧性和坚固性使其更适于做容器，比黏土所做的容器更耐用、更轻便。但这些物质如果不立刻成为普遍性的货币就不能进入商业。任何一块金属，无论其种类如何，只要其纯度相同，其质量就与另一块同类金属的质

量完全相同。通过各种化学作用，能将一种金属从其与其他金属的混合体中分离出来，这种便利使我们能将其提炼到我们所要求的纯度；或者如人们所说，提炼到我们所要求的*成色*。这样，金属的价值仅随重量的变化而变化而已。因此，当用交换中所得金属的重量来表达任何商品时，我们对于价值就有了最清晰、最方便及最精确的表达方式，从而人们在实践中就不可能不相对于所有其他物品而优先用金属作为衡量价值的标准。金属也不比其他商品更不适于成为衡量所有价值的普遍性象征物。由于它们易于分割成我们所能想象到的所有单位，没有任何商品的价值，无论其大小，不能准确地用一定数量的金属来支付。除了具有便于分割为任何单位这个优点，它们还具有质量不变的优点；并且像黄金和白银那些稀有金属，尽管重量和体积不大，却有很大价值。

因此，在所有商品中，这两种金属最易于鉴定质量、分割数量并以最低费用运到所有地方。所以，每个拥有一种剩余商品并暂时不需要另一种有用商品的人，都会急忙用剩余商品交换货币。拥有货币比拥有任何其他东西，都更能使他有把握在需要时获得他所希望得到的商品。

第四十三节　由于事物的本质属性，黄金和白银成为了货币，并且是普遍性的货币，这与所有习俗和法律都无关

所以，黄金和白银成为了货币，并且是普遍性的货币。这并非由于人们的习俗，也并非由于任何法律的干预，而只是由于事物的本质属性。它们不像许多人想像的那样是价值的标志，它们本身就有内在价值。如果它们能作为其他价值的衡量标准和象征物，那么它们与其他所有在商业中具有价值的商品都具有这种属性。它们与其他商品的不同只在于，它们更易于分割、更不易变化、更易于运输。这些特点使它们更便于用来衡量和代表其他商品的价值。

第四十四节　其他金属仅用于次要用途

所有金属都能用做货币。但那些非常普通的金属，因体积大、价值小而未能在商业流通中使用。铜、银及金是人们经常使用的仅有的几种金属。除了既不能从矿藏也不能从商业中获得充足的黄金和白银供应的民族以外，甚至铜也仅用于人们最小价值的交换。

第四十五节　黄金和白银作为货币的使用，

提高了它们作为物质原材料①的价值

每个人都急于设法将其剩余商品②交换成黄金和白银，而不是任何其他商品，这种急迫心情不能不必然提高这两种物质原材料在商业中的价值。正因如此，使得它们更适于用做象征物或共同的衡量标准。

第四十六节　黄金和白银与其他商业对象的比较，以及二者彼此比较的价值的变化

这种价值易于发生变化，并且实际上也在不断发生变化，所以，原来与一定数量某种商品相对应的一定数量的金属变得不再相对应，而需要更多或更少的货币来代表这种商品。如果某种商品需要更多货币，则人们就会说这种商品更贵了；如果需要更少货币，则人们就说这种商品更便宜了。不过，人们也可以说，在第一种情况下货币更便宜了，在第二种情况下货币更贵了。白银和黄金的价格不仅在与所有其他商品对比时会发生变化，而且金银彼此间的价格对比也随各自数量的多寡而发生变化。众所周知，在欧洲现在是 *十四至十五盎司白银* 兑换 *一盎司黄金*，而从前则仅用 *十至十一盎司白银* 兑换

---

① 原文为法文：Comme matière。
② 原文为法文：Denrées。

一盎司黄金。而在目前的中国，人们用不超过 *十二盎司 白银* 兑换 *一盎司黄金*，因而运送白银到中国去换取黄金再带回欧洲利润极大。显而易见，随着时间的推移，这种贸易会使黄金在欧洲越来越多，而在中国则越来越少，从而在这两个地方，这两种金属的价值的对比比例最终将必然趋于相同。

林林总总的原因总体上确定并导致了不断变动的各种商品间的相对价值，以及它们与货币间的相对价值。这些原因也共同作用，确定并导致变动了的货币与每种商品的相对价值以及与商业中实际存在的其他价值的总体的相对价值。如不深入到非常广泛和更深的细节中，就不可能弄清这些不同的原因并阐明它们所产生的影响，不过我不想在这方面作进一步的讨论。

第四十七节　用货币进行支付的习俗有助于区分卖主和买主

随着人们日益习惯于用货币来衡量所有物品的价值，将其所有剩余产品换成货币，并仅用这些货币来换取那些当时对他们有用的或他们所喜爱的物品，人们也就逐渐习惯于以另一种观点来考虑商业交易。他们已将商业交易中的人分为两种人：买主和卖主。买主是付出货币换取商品的人；而卖主则是付出商品换取货币的人。

第四十八节 货币的使用极大地促进了社会不同阶层间的劳动分工

货币越能逐渐成为普遍性的媒介，每个人就越能专门从事自己选择的那种农业耕种或工业而完全不必考虑其他需要。人们只需考虑通过出售自己的收成或劳动所获尽可能多地获得货币。因为他们确信，这些货币可以使他们买到所有其他的物品。由此可见，货币的使用极大地加速了社会的进步。

第四十九节 关于积累起来形成资本的多余年产品

只要能发现一些人，他们的田产保证他们得到多于足以满足他们所有需要的年收入，那么这些人中就会有一些人因为担心自己的未来或仅仅出于谨慎，而将每年收获的一部分储备起来，以防可能发生的意外或用于增加他们的享受。如果他们所得产品难以保存，那他们就应该设法在交换中获得更耐久、价值不会随时间而降低的商品，或是可用于获取利润的商品，所得利润足以弥补减少的价值。

第五十节 可动财富①。货币的积累②

这种因积累起来的未消费的年产品而拥有的财富称为*可动财富*。家庭用品、房屋、库存商品、各种行业的工具以及牲畜都属于这类财富。显然，在人们尚未熟悉使用货币前，人们必然辛勤地工作以尽可能多地获得这类财富。而同样明显的是，一旦人们了解到货币在所有商品中最不易发生变化、最易于轻松保存后，无论是谁要积累财富，首要追求的就是货币。如此来积累剩余产品的不仅仅是土地所有者。尽管工业利润不像土地的收入那样是大自然赐予的，并且勤劳的劳动者从他的劳动中所得到只是支付他工资的人给予他的代价，尽管支付工资的人尽可能地节省工资开支，并且竞争迫使勤劳的劳动者同意少于他本来能够得到的劳动代价，但可以肯定的是，在任何劳动领域，这种竞争从未如此多或如此激烈，以至于一个比他人更专业、更积极并在个人支出方面更节俭的人，总不能获得比维持他本人及家庭成员的生活所必需的而略多的收入，并总不能储存他的多余收入而形成些微的储藏③。

---

① 原文为法文：Richesses mobiliaires。
② 原文为法文：Amas。（Amasser 和 Accumuler 这两个词在本节中是交替使用的。）
③ 原文为法文：Un petit pécule。

第五十一节 可动财富是所有营利行业必不可少的必需品

甚至在任何行业，工人或雇用他们的企业家①都必须拥有事先积累起来的一定数量的可动财富。这里我们不得不再次来回顾一些问题，我们已谈过各种职业的分工以及资本所有者使资本进而产生价值的各种方法。当然，实际上也仅仅是暗示过这些问题。因为，当时如果不打断我们的思路，就不能恰当地说明这些问题。

第五十二节 耕种垫付②的必要性

每种劳动，无论是在耕种、工业或商业中的哪一方面，都需要垫付。当人们耕种土地时，在收获前必须播种，在收获前还必须维持自己的生活。土地越是精耕细作越是勤密，这种垫付就越多。牲畜、农具和安置牲畜及储存产品的房屋，以及与农业规模成比例的若干雇工，都必须在收获前支付所有费用并维持其正常运转。只有通过可观的垫付，我们才能获得好收成，土地才能生产丰厚的收入。不论人们从事哪种行业，都必须向工人提供各种工具，以及足够数量的加工原料，并且工人在出

---

① 原文为法文：Les Entrepreneurs。
② 原文为法文：Avances。

售产品前必须维持生活。

第五十三节 土地尚未被耕种前所提供的第一笔垫付

土地永远是所有财富①最初及惟一的来源。通过耕种而生产所有收入的是土地，在各种耕种前就为人类提供第一笔垫付基金②的也是土地。最早的土地耕种者所播种的种子取自土地自然生产的产品。在他等待收获的时节，他依靠狩猎、捕鱼或采摘野果为生。他的工具是从森林中砍下的树枝经过石刀加工而成，而石刀则是通过石块相互敲击打磨而锋利。他追捕或设陷阱捕获那些在森林中随意走动的动物，或是无意中驯服它们。最初他利用它们作为食物，后来才利用它们帮助他劳动。这些最初的基金或资本是逐渐增加的。牲畜是早期所有动产中最为人们所追求并最容易积累的。牲畜会死去，但也会繁殖。某种程度上说，这种财富是不会灭失的。这种资本仅靠生殖即可增加，并以奶、毛、皮及其他原料的形式提供年产品，这些年产品与从森林中得到的木材共同提供了工业劳动的第一笔基金。

---

① 原文为法文：Toute richesse。
② 原文为法文：Fond des avances。

第五十四节 牲畜甚至在土地被耕种前就是可动财富

在仍有大量的不属于任何人的未耕种土地的时代，人们即使没有田产也可饲养牲畜。甚至有可能的是，人类在自己从事更辛苦的耕种土地的劳作前，就已开始在各地放养牧群并以它们的产品为生。事情似乎是这样，最早开始耕种土地的民族，就是那些在他们所在地区发现了几类最易于被驯服的动物的民族，这使他们脱离四处流浪和居无定所的渔猎生活，而转为更为安定的游牧生活。游牧生活需要在同一地点居留较长时间，从而使人们有更多的闲暇和机会来研究各种土壤间的差别，并观察自然界生产饲料的特性。或许正是由于这一原因，亚洲各民族最早开始耕种土地，而美洲人民则长期处于野蛮状态。

第五十五节 土地耕种所必需的另一种可动财富和垫付：奴隶

奴隶是另一种可动财富，它最初是通过暴力，后来是通过贸易和交换而得到的。拥有许多奴隶的人不仅使用他们耕种土地，还使用他们做其他不同的工作。这两种财富（牲畜和奴隶）便于几乎毫无限制地积累起来，并且便于脱离土地而利用,这种便利可使土地评估自身价值,并以土地价值与各种可动财富进行比较。

第五十六节 可动财富甚至对土地本身都有一种交换价值

一个拥有许多土地而没有牲畜或奴隶的人,如果出让自己的一部分土地来交换另一个人的牲畜和奴隶,用来耕种自己其余的土地,那么毫无疑问,他做了一笔对他有利的交易。主要是根据这种交换方式,田产①也进入了商业领域,并有了与所有其他商品相比较的价值。如果一英亩土地的纯产品*四蒲式耳谷物*价值相当于*六只羊*,那么生产这些谷物的这一英亩土地本身就能以一定价值转让出去。尽管这种价值肯定要高于四蒲式耳谷物,但与它相对应的价格像其他物品一样是容易确定的。即,首先是通过交易双方的讨价还价②来确定价格;然后再根据那些要用土地交换牲畜的人与要用牲畜交换土地的人之间达成一致的现行价格来确定。当一个债务人被债权人起诉并被迫放弃田产时,土地就是根据这种现行价格来评估的。

---

① 原文为法文:Les fonds de terre。
② 原文为法文:Par le débat。

第五十七节　评估土地的价值，根据土地的收入与它所交换的可动财富数量或价值的比例而定；这种比例称为土地的价格①

显然，如果所生产收入等值于*六只羊*的土地能以一定价值出售，而这种价值总能以与其等值的若干只*羊*来表达，那么，这若干只羊的数目会与"六"这个数目形成一种固定比例，并包含"六"这个数目的一定倍数，从而一份田产②的价格就是它的收入乘以一定的倍数。如果价格是*一百二十只羊*，倍数就是*二十倍*；如果价格是*一百八十只羊*，倍数就是*三十倍*。因此，土地的现行价格是根据土地的价值与收入的价值之间的比例来计算的；而土地的价格所包含的它的收入的倍数，就称为"*若干年收益权*"。当人们付出二十倍、三十倍或四十倍土地的收入来购买土地时，土地就是按*二十年收益权、三十年收益权或四十年收益权*③来出售的。同样明显的是，这种价格必然随着土地的买方或卖方的人数多寡而变动，如同其他商品的价格随着供给和需求④之间变化的比例而同

---

① 原文为法文：Le denier du prix des terres。（这个短语与英文"number of years'purchase"这一短语意义相同，在本节中有多处说明。）
② 原文为法文：Un fonds。
③ 原文为法文：Le denier vingt, trente, quarante。
④ 原文为法文：L'offre et la demande。

步变动。

第五十八节 所有货币资本，以及无论多少的所有价值，都是生产等于一定数额收入的土地的等值物。运用资本的第一种方法。购买土地

现在让我们回到刚开始使用货币的时代。货币积累的便利性，使货币很快成为人们最渴望获得的可动财富；并且它提供了一种手段，使人们通过节俭就能无限增加它的数量。无论是谁，只要他从他的土地收入上，或从他通过辛勤劳动获得的工资上，将必要的支出降低在他的收入范围以内，那么他就可以将所余收入积累起来。这种积累的价值就是所谓"资本"。有的人因为担心在不确定的未来可能陷于穷困，因而将货币等财物储存起来，进而成为一个胆怯的守财奴。如果他所预见的危险果然发生，那他在穷困中就不得不每年依靠仅有的储存为生，或者他家里有个浪子逐渐挥霍他的储存的话，那么，这笔储存很快就会消耗殆尽，而这笔所谓的资本就完全归新主人所有。后者有可能用这笔资本获得多得多的利益。既然提供一定收入的田产只不过是等于这种收入的一定倍数的一笔金额的等值物，那么无论价值多大

的一笔金额，都是生产等于这笔金额若干分之一的收入的土地的等值物。这笔资本到底是一堆金属组成，抑或是任何其他物品，都没什么两样。因为货币代表所有种类的价值，正如所有种类的价值代表货币一样。这样，一笔资本的所有者可以首先用资本来购买土地，或者他还可有其他的运用这笔资本的方式。

第五十九节　货币的另一种运用方法，用于制造业和工业的垫付[①]

我已谈到，所有劳动，无论是农业劳动还是工业劳动，都需要垫付。并且我也指出，土地是如何通过自然生产果实和青草而滋养人类和动物的，它又是如何通过人们用以制作最早工具的树木来提供土地耕作的第一笔垫付的；土地甚至提供了每人为自己使用而制作的最早手工制品[②]的垫付。例如，是土地提供了建造最早房屋的石头、黏土和木材。在行业分工前，当土地耕种者也靠自己劳动满足其他需要时，不需要其他垫付。但当社会中的大部分成员开始只靠自己的双手为生时，那些从而以工资为生的人就必须事先拥有某些东西，用来获得

---

① 原文为法文：En avances des entreprises de fabrication et d'industrie。
② 原文为法文：Ouvrages manuels。

他们加工的原料，或在他们等待领取工资期间维持生计。

第六十节 说明工业企业中各种资本垫付的运用；关于资本的收回①及其应产生的利润

在早期，雇用他人劳动的人自己提供原料，并按日付给工人工资。是土地耕种者或土地所有者自己把他收获的大麻交给纺工，并在他们工作期间维持他们的生活。然后他把麻纱交给织工，按双方议定的工资每日付给织工工资。但这种微小的每日垫付仅用于最简陋的工作。在大多数手工业②中，甚至在社会最贫困成员所必需从事的手工业中，同样一部分原料需要经手许多不同的人，并在相当长的时期内经过各种艰辛的加工。我们已经提到过用来做皮鞋的皮革的加工。无论谁看过硝皮匠的作坊，都会有同样的感觉，即穷硝皮匠们要为他们自己提供兽皮、石灰、皮硝、工具等，要修建硝皮所必需的作坊，并在出售皮革前的一段时期内维持生活，这是完全不可能的。那么在这种手工业以及许多其他手工业行业中，那些从业者岂非必须在冒昧接触原料前先学会这个

---

① 原文为法文：Rentrée。
② 原文为法文：Arts。

行业的手艺，以免他们在最初几次加工时浪费原料？因而这里必须有另外的一笔垫付。那到底谁为这种行业提供原料和操作所必需的材料及工具呢？谁来修建沟渠、市场以及各类建筑呢？这么多工人如何在皮革出售前维持生活呢？这些人里没有人能独自加工一块皮革，并且出售一块皮革所得报酬也不够维持他们中任何人的生活。谁来支付指导学徒的各种费用呢？在他们学成手艺前，谁来维持他们的生活，指导他们从与其年龄相称的简单劳动逐渐过渡到需要更强体力和更精湛技术的劳动呢？是一个*资本*所有者或可动的积累财富的所有者来雇用工人并提供垫付，一部分垫付用于建造作坊和购买原料，另一部分垫付用于支付加工皮革的工人的每日工资。他们必然期待在出售皮革后，不仅能收回他们的全部垫付，而且还能得到一笔利润；这笔利润除了足以偿付他们当初用货币购买田产所能得到的报酬，还足以支付他们本人因劳动、操心、风险甚至技能而应得的报酬。因为，可以肯定的是，如果二者产生的利润相同，他们就宁愿无忧无虑地靠这笔资本本来所能购买的土地而带来的收入生活了。随着通过出售产品而收回这笔资本，他们就用它再次进行采购，以维持其家庭和工厂；通过这种不断循环，他们以利润为生，并把所能节约的储存起来以便增加他们的储蓄，通过增加资本来扩张企业，从而获得更多的利润。

第六十一节　工业中工薪阶级再分为资本家和纯粹的工人

这样，从事于多种工业产品的生产来满足社会不同需要的整个阶级，可以说又分为两个阶级。企业家、制造业主和雇主①阶级，都是大量资本的所有者，他们通过运用资本雇用由工匠构成的另一个阶级来劳动而获取利润；② 另一个阶级则除了自己的双手外一无所有，只是垫付他们的每日劳动，得不到利润，只能领取工资。

第六十二节　还有一种运用资本的方法，用做农业企业的垫付。关于农业企业中资本的用途以及必不可少的利润的论述

在最先谈到制造企业中资本的运用时，我们的目的是举出一种令人印象更深刻的例证来证明大量垫支的必要性、效果及其循环过程。但我们颠倒了自然的顺序。按照这种顺序，我们本应从农业企业谈起。农业企业除非靠大量垫支，否则也是既不能经营又不能扩张，且不

---

① 原文为法文：Maîtres Fabricans。
② 原文为法文：Qu'ils font valoir。

能产生任何利润的。正是大笔资本的所有者为了在农业企业中运用资本生利,以高额地租①向土地所有者租赁土地,②自己则承担全部垫付。他们的情况必然与制造业企业家相同。像制造业企业家一样,他们不得不付出企业的第一批垫支,为自己提供耕牛、马匹、农具,并购买第一批种子;像制造业企业家一样,他们必须维持车夫、收割者、打谷者和雇工以及其他各种工人的生活。因为这些人只是靠自己的双手劳动为生的,垫付的只是他们的劳动,所收获的也只是他们的工资。像制造业企业家一样,他们不仅应该收回他们的全部资本,这里所指的是垫付的所有开办费和常年开支,还应该获得:(1)一笔相当于他们本来用自己的资本不劳而获所获得收入的利润;(2)他们的工资以及他们的操劳、风险和辛勤的代价;(3)一笔金额,用来补偿他们企业所用财产因浪费、牲畜死亡及农具磨损等而产生的损耗,所有这一切都应先从土地产品中扣除。③剩余的产品则由土地耕种者付给土地所有者,作为后者许可前者利用后者土地来建立企业的报酬。这就是租赁土地的代

---

① 原文为法文:Loyers。
② 原文为法文:Afferment les terres。
③ 原文为法文:Prélevé sur。

价,① 土地所有者收取的地租，即*纯产品*。因为在土地所生产的全部产品中，在补偿各种垫付和垫付者应得各种利润前，这些产品还不能看做是一种*收入*，而只能看做是*耕种各项费用的补偿*。如果土地耕种者不能收回上述费用，他就不愿冒险投入自己的财富和辛劳去耕种他人的土地。

第六十三节 农业方面资本家性质的企业家②之间的竞争决定了地租③的现行价格。大规模的农业经营④

富裕的土地承包者之间的竞争决定了地租的现行价格。这种价格与土壤的肥沃程度及其产品的销售价格成比例，并总是根据农业经营者对他们的开支和应从他们的垫付中提取的利润来计算和确定。他们不能给予土地所有者剩余产品之外的东西，但当他们之间的竞争十分激烈时，他们有时会把全部剩余产品交给土地所有者；而土地所有者则把他的土地租赁给所报租金价格最高的人。

---

① 原文为法文：Le prix du fermage。
② 原文为法文：Capitalistes Entrepreneurs de culture。
③ 原文为法文：Fermages。
④ 原文为法文：La grande culture。

第六十四节 资本家性质的企业家的缺少使土地耕种和经营仅限于小范围内[①]

相反，如果没有拥有可投入农业企业的大量资本的富人，如果由于土地产品的低价或任何其他原因，收成不足以保证土地承包者在收回他们的资本[②]外还能获得一笔报酬，且这笔报酬至少等于他们把他们的资本用于某些其他事业所产生的利润，那么就不会有愿意租赁土地的农业经营者了。土地所有者就不得不雇用那些不能进行任何垫付或认真耕种的佃农或对分佃农了。土地所有者自己提供少量[③]垫付，但这种垫付只能为他生产很少的收入。如果土地恰好属于一个贫穷、疏懒并负债的人所有，或属于一个寡妇或未成年人所有，那么这块土地就会处于荒芜状态。这就是我们上述所提到的两种地区间存在差异的主要原因。一种地区，像诺曼底和法兰西岛，土地由富裕的农业经营者耕种；而另一种地区，像利穆赞地区、昂古穆瓦省、波旁地区以及其他许多地方，土地则只是由贫穷的对分佃农来耕种。

---

① 原文为法文：La petite culture。
② 原文为法文：Fonds。
③ 原文为法文：Médiocres。

第六十五节　土地耕种者阶级再划分为企业家或承包者和单纯的领薪者，无论后者是雇工[①]还是零工

因此，土地耕种者阶级可以像制造业者阶级那样再次分为两个阶级，即提供垫付的企业家或资本家阶级，以及单纯领薪的农业劳动者阶级。其结果也是，只有资本才能承担创办并经营大型农业企业重任，才能赋予土地不变的价值——如果我可以用这个词的话——才能确保土地所有者经常得到一笔平均的且尽可能多的收入。

第六十六节　第四种运用资本的方法，用于商业企业的垫付。在商品生产者和消费者之间真正所谓的商人做中介的必要性

农业或制造业的企业家，都只是从土地产品或制成品的销售中收回他们的垫付和利润。始终是消费者的需要和财力决定商品出售的价格；但消费者并非总是在收割期或制成品制成时需要农产品或制成品。不过企业家却希望能及时并定期收回他们的资本，以便再投入企业的运营中。收获以后应立即播种和施肥，制造业应不间

---

① 原文为法文：Valets（即雇工）。

断地雇用工人。随着第一批产品的生产结束和销售，又开始进入另一批产品的生产，并随着消耗而不断补充原料。企业一旦开工，短期停工则并不可取，也不要指望随时可以将其复工。企业家所最关注的就是通过出售他的农产品或制成品迅速收回他的资本；消费者所关注的则是他们需要的某种物品能在一定时候和地点能买到。对于他们来说，如果一定得在收获季节买下全年的口粮，那将极为不便。在日常消费品中，许多都需要长时间和高成本的劳动；而这种劳动如不使用大量的原料则无利可图。而这种原料是如此之多，以至于范围有限的只有少数居民消费的地区，仅靠一个制造厂的生产能力是不够的。这类企业的数量很少，彼此距离相当远，从而与大多数消费者的住处相距也极远。如果不是处于赤贫状态，大多数人还是消费得起若干离他家相当远而彼此间距离也不近的各生产商生产的或制造的产品的。如果一个人除了直接从收获者或制造者手中就买不到自己的消费品，那他就会还有许多东西买不到，由此他们或许要在漂泊购物中度过一生了。

生产者和消费者双方的利益，前者在于不必浪费宝贵时间来等待买主就可以找到买主，后者在于不必浪费宝贵时间去寻找卖主就能找到卖主。这种利益使得第三者作为两者的中介。这就是商人这种职业的目的。商人从生产者手中购买商品，存入仓库，使消费者去那里购买产品。这样，由于企业家确信能出售产品并收回资金，就可以安心地、不断地再生产，而消费者则可以在附近随时找到他们所需要的商品。

第六十七节　各种等级的商人，他们全体的共同点是：为再卖出而买入，他们从事这一行业的费用靠垫付维持，这种垫付将连同利润一并收回，[①]**以便重新投入到下一次的为卖出而买入的交易中**

从在市场露天卖菜的妇人，到行迹远及印度和美洲的南特或加的斯的商人，商人的职业或准确地称为"商业"，分为无数的部门或等级。一个商人可以专门提供一种或几种商品，在他的商铺将商品出售给前来购买的顾客；另一个商人则可以带某些商品去需要它们的其他地方，在那里通过交换把那里生产的且本地需要的商品带回来。一个商人在自己周围地区亲自做交易；另一个商人则靠他雇用的营销人员和运输人员做交易，他派遣他们从这个省到另一个省，从这个王国到另一个王国，

---

① 原文为法文：Leur trafic roule sur des avances qui doivent rentrer avec profit.

从欧洲到亚洲，再从亚洲回欧洲。一个商人将商品零售给使用它们的顾客；另一个商人则只是将商品批发给其他商人，由后者将商品零售给消费者。但所有商人的共同点是，他们都是*为了再卖出而买入*，并且他们买入第一批物品的资金是仅需一段时间即要收回的。这些预支的垫付像农业和制造业的企业家的垫付一样，不仅应当在一定时间内收回以用于再进货，还应当获得：（1）一笔与他用这些资本不必劳动即可获得的收入相等的利润；（2）他们的劳动、他们承担的风险以及付出辛劳的代价。如果没有把握收回这笔垫付并获得这些必不可少的利润，就没有商人会愿意经营这个行业，也不可能维持下去。当他们计算出他们可望在一定时间内卖出的商品的数量和价格时，他们便根据这些计算进行采购。零售商通过有限的谨慎尝试所获的成功，凭经验了解与他交易的消费者的大概需要；贸易商通过他的营销人员[①]，了解他的业务所及各国中商品数量的多寡及价格的高低。他根据所了解到的情况相应地指导他们的投机业务，把货物从价格低廉的地区发运到可以以更高价格出售的地区。他在计算应收回的垫付资金时要把运费包括在内。

由于商业是必要的，如无与其规模成比例的垫付就

---

① 原文为法文：Correspondances。

不可能经营任何商业。现在我们发现了另一种运用可动财富的新方法：一个人如果拥有与储蓄①和积累起来的价值相等的一笔货币或一批货物，简言之，一笔资本，就可以使用这笔资本来获取生活资料，并增加他的财富。

第六十八节 货币流通的真正意义

从已论述的可知，土地的耕种、各种制造业以及商业的所有部门，是如何依靠②大量资本即可动财富的积累的。这笔资本首先由上述各部门的经营者垫付，再每年加上一笔稳定的利润并由他们收回。也就是说，这笔资本要用于继续经营同一企业的再次投资和垫付，而利润则为企业家提供或多或少的生活资料。正是这种资本的不断垫付和收回，构成了*所谓的"货币流通"*。这种有益并有效的流通，激活社会所有的劳动，维持一切运转，是政治机构的支柱，有充分理由可以把它与人体的血液循环相联系。因为，如果由于社会各阶级在支出过程中③发生任何紊乱，以至于经营者不再能收回他们的垫付以及他们有权期望获得的利润，那么，很显然，他们就会

---

① 原文为法文：Une masse de valeurs mise en réserve。
② 原文为法文：Roulent sur。
③ 原文为法文：L'ordre des dépenses。

不得不压缩经营规模,而劳动量、土地产品的消费量、生产量以及收入,全部都将按相同幅度缩减。贫穷将取代富裕,不能找到工作的一般工人将陷于最深重的悲惨之中。

第六十九节 在黄金和白银进入商业领域前,所有企业,[①] 特别是制造业和商业,不可能不受到极大限制

不用说,在黄金和白银进入商业领域前,所有企业,特别是制造业,尤其是商业,必然受到极大的限制。因为当时几乎不可能积累大量资本,而要加倍付款或拆分各种付款,使其满足到能把交易促进和提高到繁荣商业和流通所需要的程度则更为困难。也许只有农业才能在一定程度上维持自己。因为牲畜是主要的所需垫付,而且很可能当时除了土地所有者外没有其他农业企业家。至于各种手工业,在开始使用货币前,必然一直处于极其落后的状态。这些手工业局限于那些最粗笨的行业,由工厂主通过养活工人和供给他们原料来提供垫付,或由工厂主让家里的仆人来加工产品。

---

① 原文为法文:Toutes les entreprises de travaux.

第七十节 由于资本像劳动者的勤劳一样对于所有经营事业都是必要的，因此勤劳者愿意与为他们提供所需资金的资本家分享他们的企业利润

由于资本是所有盈利企业不可缺少的基础，由于货币是积攒小额收益、获取利润和增长财富的主要手段，所以，那些勤劳并热爱劳动却缺少资本，或手中资本不足以经营他们希望开办的那种企业的人，就不难获取这种解决办法：把他们期望获得的在收回他们的垫付后的剩余利润，分出一部分给那些愿意把资本或货币托付给他们运用的资本家或货币的所有者。

第七十一节 资本的第五种运用方法：放贷取息。贷款的性质

货币所有者把因企业经营不成功而导致他们的资本所冒的风险，与不必辛劳就能获得的定期利润加以衡量，从而决定为他们的货币要求多少利润或利息，或是否同意按借款者所提出的利息把货币借出。这里，对于货币所有者有另一种机会，即放贷取息或货币的交易。不要误解我的意思，放贷取息只是一种交易。在这种交易中，贷款者是出售货币使用权的人，借款者则是购买货币使

用权的人，这与地产所有者和土地承包者分别卖出和买入一块出租土地的使用权完全相同。贷款利息的拉丁语名称"*usura pecunice*"准确地表达了这种含义。而由于人们对于货币利息的错误观念，法文中的这个词却令人憎恶。

第七十二节　关于放贷取息①的错误观念

利率决不像人们想象得那样，是以借款者希望用他购买了使用权的那笔资本所获的利润为根据的。利息的价格像所有商品的价格一样，由买卖双方讨价还价决定，由供给和需求的数量对比来决定。人们借款有各种意图，抱有各种动机。有人借款是为了创办能使他发财的企业，有人则是为了买一份产业，也有人是为了借款还赌债，还有的则是为了弥补某种意外造成他的收入方面的损失，另外有的人借款是为了在他靠劳动之前能生存下去。但所有这些促使借款者借款的动机，对于贷款者来说都无关紧要。他只关注两件事：他将收多少利息，以及他的资本有多少安全性。他从不关注借款者用他的资本的用途，正如一个商人不在乎顾客如何使用他出售的商品一样。

---

① 原文为法文：Le prêt à intérêt。

第七十三节 对经院哲学家的反驳

正是由于对贷出货币取得利息的正确意义缺乏了解,顽固而不开明的道德家就试图使我们把贷款看做是一种罪行。经院学派神学家得出的结论是,由于货币本身不生产任何东西,对贷款要求报酬是不正当的。他们充满上述偏见,自以为他们的学说得到《圣经·福音书》中这段经文的支持:"*借给人,不指望偿还*。"那些在利息问题上采取更合理原则的神学家,一直受到持不同立场的神学家最为严厉斥责的侮辱。

不过,只要略作思考,便可发现那些用来指责收取利息的理由是多么无足轻重。贷款是由双方自愿达成的互惠合同,能达成这种合同的惟一原因是对双方都有利。显然,如果贷款者觉得为他的货币收取利息对他有利,那么借款者同样也有兴趣找到他所需要的货币,否则他就不会借款并支付利息①了。所以,基于这一原则,对于这种双方都同意、不会妨害他人的有益合同,谁能将它看做是一种罪行呢?如果有人认为,贷款者利用了借款者对货币的需要而迫使他付利息,则这种说法的荒谬之处,就像我们说面包师卖面包时要求货币是利用了他的顾客的需要一样。如果在后一场合,货币是买主所买面

---

① 原文为法文:Le loyer。

包的等值物，那么借款者当天所收到的货币，就同样是他答应贷款者在借款到期时归还的本金和利息的等值物。因为，事实上，就借款者来说，在借款期间，能使用他所需的货币是一种利益；而对于贷款者来说，失去这种使用权则是一种损失。这种损失可以估计，① 事实上也已经估计，即利息就是它的价格。如果贷款者承担由于借款者破产而失去他的本金的风险，那这种价格应更高。所以，这种交易对于双方完全平等，从而是公平和诚实的。货币作为一种物质来看待，作为一堆金属来看待，并不生产任何东西；但用于农业、制造业和商业等方面的垫付的货币能生产一定的利润；有了货币，我们能购买一份田产，从而得到一笔收入。所以，借出货币的人不仅放弃了一笔货币的不产生收益的所有权，而且还失去了他本来有权用这笔货币而获得的利润。因此，补偿他这部分损失的利息不应视为是不正当的。经院哲学家不得不承认上述论述的正当性，同意在放弃本金的条件下可以收取利息，即贷款者必须放弃要求在一定时期内收回本金的权利，而只要借款者想付利息，就允许借款者保有这笔本金，多长时间都可以。这种容忍的原因是，这种情况下，这不再是一笔要付利息的贷款了，而是用

---

① 原文为法文：Appréciable。

一笔货币买入的一份租金，就像人们买入田产一样。这是为他们所求助的一种小手法，可以承认借款在社会交易过程中存在的绝对必要性，而不明确承认他们从前据以谴责这种行为的那些原则是荒谬的。但出让本金这个条件，对借款者来说并没有什么好处。因为在他偿还本金前，他始终要对贷款者负债，而且他的财产始终是这笔本金安全的担保品。① 这个条件甚至有一种害处：当他需要货币时，他就会发现更难借款了。因为如果有些人愿意把一笔本来打算购买一份田产的一笔货币借出一年或两年，他就不会愿意把它无限期借出去。此外，如果允许人们为了收取一种永久性租金而出售他的货币的话，那为什么他们不可以把他们的货币借出②一定年限，而只在这个期限内收取租金呢？如果每年一千法郎的利息对于永久保有两万法郎的人来说，是两万法郎的等值物，那么一千法郎就是两万法郎一年所有权的等值物。

第七十四节　货币利息的真实基础

所以，一个人可以借出他的货币，其合法性正如他

---

① 原文为法文：Les biens sont toujours affectés à la sûreté de ce capital。
② 原文为法文：Louer。

可以出售他的货币一样。货币所有者可以借出或出售货币，不仅因为货币是一笔收入的等值物以及获得一笔收入的手段；也不仅因为贷款者在贷款期间失去一笔他本来用它可能获得的收入；还不仅因为他的资本所冒的风险；更不仅因为借款者能把货币用于可能获利的购买，或用于他能从中提取巨额利润的企业。货币所有者可以合法地收取货币的利息，这是根据一种更具一般性和决定性的原则来定的。即使没发生上述情况，他要求贷款利息的权利也并未减少。其惟一理由是，他的货币是他自己的。既然货币是他自己的，他就有权保有它，没有任何东西规定他有借出货币的义务；而如果他借出货币，他就可以给贷款附加上他所选择的条件。他这样做对借款者没有伤害，因为后者同意他们之间达成协议的条件且对这笔借款没有任何所有权。人们可通过使用货币来获得利润，这无疑是促使借款者付出利息来借款的那些最普通的动机之一；利润也是他支付利息的手段之一。但这绝不是赋予贷款者要求利息的权利的东西；他的货币是他自己的，这一点就足够了，这是与财产不可分割的权利。一个买面包的人之所以买面包是为了养活自己，但面包师索取一定价格的权利却与面包的用途完全无关；如果他出售石头也拥有同样的权利，那么这种权利只是基于这个原理：面包是他自己的，没人有权迫使他无偿放弃面包。

第七十五节 对一种反对意见的回复

这种看法使我们想到有人引用《圣经·福音书》中的"借给人，不指望偿还"这一句话，说明这种引用是多么错误，与《圣经》原意是多么相去甚远。如果像那些近代明理的神学家那样，把这段《圣经》原文理解为关于仁爱的箴言，那么它的意义就很清楚了。所有人都必须互相帮助；如果一个富人看见同胞陷于困难，并未免费帮助他，而是将他所需的卖给他，那么，他在基督教和人道这两方面都没有履行义务。在这种情况下，仁爱不仅要求我们无息贷款，而是命令我们贷款，甚至必要时赠款。把这个仁爱箴言理解为严格的、正义的箴言，则与理智以及与这段《圣经》原文的含义相悖。我这里所批评的那些人并未认为贷款是一种正当的义务，因此，他们就不得不承认这段《圣经》原文头几个字"借给人"只是一条仁爱的箴言。既然如此，我要问，为什么他们把这段原文的后几个字引申为一种正当的义务呢？如果贷款的义务不是一条严格的箴言，而只是它的附属物——贷款的条件——被认为是一条严格的箴言，这多么奇怪！这样，人们可能会听到："是否贷款是你的自由，但如果你贷款，千万不要为你的货币索取任何利息，即使一个商人为了经营他希望从中获取暴利的企业而向你要求贷款,如果你接受了他提供的利息,那就是犯罪。你绝对必须免费借给他或干脆不借给他。的确,你有一种方法可使收取利息合法,就是无限期地贷出你的资本,并放弃要求归还资本的所有权利。至于你的债务人什么时候高兴偿还或有能力偿还,则取决于他的选择。如果你由于安全性而感到有所不便,或预料到数年后你需要自己的货币,那么你就别无他法,只能不贷出你的货币。对于你来说,最好是不给这个商人宝贵的机会,而不是因帮助他而犯罪。"这就是他们在错误偏见下理解"*借给人,不指望偿还*"这几个字时所必然领会的内容。凡是不怀偏见来理解这段文字的人,不久就会发现它的真正意义,即:"作为人类,作为基督徒,你们都是兄弟,都是朋友;像兄弟和朋友般相处吧;有急需时互相帮助吧,把你们的钱包对彼此敞开吧,不要对那种仁爱要求你们作为义务的贷款收取利息,不要以这种方式出售你们彼此有责任提供的帮助。"这才是这段文字的真正含义。无息贷款的义务与贷款的义务显然彼此相关。两者的重要性都相同,都教诲着仁爱的义务,但它不是适用于所有贷款情况的严格的、正义的箴言。

第七十六节 利率[1]像任何其他商品的价格一样,只应由交易过程自身来决定

我们已经说过,所借货币的价格,像所有其他商品的价格一样,由市场上货币供求之间的比例来调节。[2] 所以,如果有许多需要货币的借款者,货币的利息就会提高;如果有许多打算贷款的货币持有者,货币的利息就会降低。所以,如果认为交易中货币的利息应由国君的法律来规定,那是一种错误观点。货币利息有一种现行价格,其确定方式像所有其他商品一样。这种价格根据贷款者的本金的安全性大小而略有变动。但在安全性相同的情况下,它应随着需求的多寡有所提高或降低。法律不应规定货币的利率,正如它不应规定在商业中流通的任何其他商品的价格一样。

第七十七节 货币[3]在商业中有两种不同的估价:[4] 一种是表达我们为了得到各种商品所付

---

① 原文为法文:Le taux。
② 原文为法文:Par la balance de l'offre à la demande。
③ 原文为法文:L'argent。(这个词既可作*货币*讲又可作*白银*讲,杜尔哥试图在这里澄清该词的不明确含义。根据上下文的意思,它必须译为*白银*,其他地方亦如此。)
④ 原文为法文:Évaluations。

出的货币数量；另一种则是表达一笔货币与交易过程中所得利息之间的关系

通过对按照年息出售或出借货币的方式的说明，可以看出我们在商业中似乎有两种估价货币的方法。在买入和卖出中，一定重量的货币代表一定数量的劳动或各种商品，例如，一盎司白银是一定数量的谷物或一定天数的劳动的等值物；在贷款和货币交易中，一笔本金是数量等于其确定比例的租金的等值物；反之，一笔年租代表一笔本金，这笔本金等于按照较高或较低利息而将租金重复一定次数的总额。

第七十八节 这两种估价彼此无关，并由各种不同的原理所支配

这两种不同估价[①]之间的相互联系及相互依赖程度，比我们乍看起来所认为的要少得多。货币在正常商业中也许非常普通，也许价值非常低，只能交换非常少量的商品，但同时货币的利息也许非常高。

假设在商业实际流通中有*一百万盎司白银*，一盎司白银在市场上能换到一蒲式耳谷物。再假设这个国家以

---

① 原文为法文：Appréciations。

某种方式或其他方式输入另外*一百万盎司白银*，新增白银按原有白银在人口中的分配比例分配给每个人，从而原有两盎司白银的人现在拥有四盎司白银，这样，视为一定数量金属的白银的价格肯定会下降。或换句话说，商品的价格肯定会提高。要买到从前一盎司白银就可以买到的一蒲式耳谷物，现在则必然要付出更多的白银，也许需要*两盎司白银*而不是*一盎司白银*。不过这决不意味着货币的利息会因此而降低，如果所有这些货币像我们假设的第一批一百万盎司白银那样被带入市场，并用于货币所有者的当前开支的话。因为货币的利息只有在要出借的货币量相对于借款者的需要比从前更多时，它才会下降。现在带入市场的白银并不是用来出借的，而是用来储蓄以形成可用于出借的累积起来的资本。而市场上货币量的增加，或在普通交易过程中相对于商品的货币价格的降低，决不会必然使货币的利率有所降低。相反，可能发生的情况是，增加市场上货币的量从而因降低白银价值而提高的其他商品价格的原因，正是提高货币租金即利率的原因。

实际上，可以假设一个国家的所有富人都不从他们的收入或年利润中储蓄起一部分，而是全部花光；再假设他们不满足于花光所有的全部收入，还要挥霍掉他们资本的一部分；再假设一个拥有十万法郎货币的人，不把这笔货币用于有利可图的事业,也不把它借出去,而是逐渐消费于愚蠢的开支。这样一来,一方面,用于日常流通中满足个人需要和欲望的货币更多了,从而货币的价值更低了;另一方面,可用来借出的货币肯定减少了,并且由于许多人破产了,显然会有更多借款者。于是,货币的利息会提高,而流通中的货币就会更多。完全出于同一原因,货币的价值也会降低。

如果我们考虑到带入市场购买谷物的货币,是每天都需要进入流通以获取生活必需品的那部分货币,而用来贷款取息的货币,则是实际上从日常流通中退出来的储存起来的进而积累成资本的那部分货币,那么我们就不会对这种表面上的矛盾现象①感到惊讶了。

第七十九节 在比较货币与商品的价值时,我们将货币视为一种金属,而这种金属是交易的目标。在评估货币利息时,我们关注的是货币在一定时期内的效用

在市场上,一定数量的谷物要用一定重量的白银来购买,②或一定数量的白银要用一定量的商品来购买,正

---

① 原文为法文:Bisarrerie。
② 原文为法文:Se balance avec。

是这种数量是用来评价和比较其他商品的价值的。对于贷款取息，评价的目标是在一定时期内一定数量财物的效用。在这种情况下，不再是一堆白银与一定数量的谷物进行比较，而是一部分价值与它特定的效用进行比较，后者就成为一定时期内这堆白银的效用的通常价格。假设在市场上，*两万盎司白银*是*两万蒲式耳谷物*的等值物，或只是*一万蒲式耳*谷物的等值物，那么这两万盎司白银贷款一年的效用，其价值并不少于本金的*二十分之一*，即*一千盎司白银*，如果利率是百分之五的话。[1]

第八十节 **利息的价格**[2]**直接取决于借款者的需求与贷款者的供给之比。这种比例主要取决于通过储蓄剩余收入和年产品而形成资本所积累的可动财富的数量，不论这些资本是以货币形式存在，还是以在商业中有价值的任何其他种类的财富形式存在**

流通中白银的价格只与日常流通中这种金属所使用的数量有关，但利率是由积累和储蓄而形成资本的财富的数量来决定的。不论这些财富是金属还是其他形式都

---

[1] 原文为法文：Au denier vingt。
[2] 原文为法文：Le prix de l'intérêt。

无关紧要，只要这些财富易于转换成货币。决不会出现这种情况：一国现有金属的数量，与一年中为取息而贷出的财富的数量相等。事实反而是，以家具、商品、工具、牲畜等为形式的所有资本取代了白银的地位，并代表了白银。一个拥有为人所周知的价值*十万法郎*的人，其签署的在一定时间内支付的*十万法郎*的票据，就价值*十万法郎*。签署这张票据的人的全部财富对这张票据的兑现负责，不论这些财富属于哪种性质，只要他们价值*十万法郎*就可以。所以，使利率提高或降低的，或为市场带来更多用于借贷的货币的，并不是以商品形式存在的白银的数量，而是商业中所存在的各种资本。也就是说，它是所积累的、不断[①]从收入和利润中储蓄的、将用于使它们的所有者获得新的收入和利润的各种可动财富的实际价值。正是这种积累起来的储蓄被提供给借款者，从而使这种储蓄越多，货币的利率就越低，至少如果借款者的数目没有同比例增加时是如此。

第八十一节　节俭精神不断增加各种资本的数量，奢侈则不断消耗它们

任何民族的节俭精神都倾向于不断增加各种资本

---

① 原文为法文：Successivement。

的数量，倾向于增加贷款者的人数而减少借款者的人数。奢侈的风气则造成完全相反的后果。根据有关对农业、制造业或者商业等各种经营状况的已有论述，我们可以判断出奢侈到底会使一个民族富裕还是会使其贫困。

第八十二节 利率的降低证明，在欧洲，节俭比奢侈盛行

由于几个世纪以来在欧洲货币的利息一直在降低，因而我们必然得出结论：节俭精神一直比奢侈精神更普遍。过奢侈生活的只是那些富人。而实际上在某些富人家中，那些聪明的人也把开支限于他们的收入范围之内，极其小心地不动用他们的资本。在一个国家中，希望致富的人远多于已经富裕的人。而在现有的情况下，所有土地已被占有，仅有一种方法可以致富，那就是：以一种或另一种方式占有或获得超过绝对必需的生活费用的收入或年利润，并每年将它们储蓄起来形成资本。靠这种方式，人们就可以获得收入或年利润的增加额；而这种增加额会再生产另外的节余并成为资本。因此，有许多人对积累资本感兴趣并致力于积累资本。

第八十三节　扼要重述运用资本的五种不同方法

我们已经列举出运用资本即用资本营利的五种不同方法。

第一种方法是购买一份可带来一定收入①的田产。

第二种方法是将货币用于租赁土地承包农业，土地的产品应除了租赁费用外，还提供垫付的利息，以及补偿把财产和辛劳花在耕种上的这个人的劳动。

第三种方法是把资本投入某些工业和制造业。

第四种方法是把资本投入商业。

第五种方法是把资本借给需要它的人以每年获取利息。

第八十四节　运用资本的不同方法间的相互影响

显然，投入上述不同用途的资本所带来的年产品，相互间成比例，并且都实际与货币利率有关。②

---

① 原文为法文：Un certain revenu。
② 原文为法文：Sont relatifs au。

第八十五节 投入土地的货币必然①最少

一个人如果用货币购买土地并租给一个有偿付能力的佃户，就能使自己几乎不费力就获得一笔收入，并可以随心所欲地处理这笔收入。购买这类财产要比购买任何其他财产的好处大得多。因为拥有土地更能有保障地防范意外。

第八十六节 放贷取息的货币所带来的收入，应比用同等资本购买土地所带来的收入略多

放贷取息者比土地所有者更安宁而自在地享受货币的好处，但他的债务人的破产却往往使他面临失去本金的危险。所以，他不会对这样运用他的资本感到满意。贷款利息必须高于用同等资本购买土地所带来的收入。因为如果贷款者发现一块待售田产能提供与利息相同的收入，那他就会选择购买田产。

第八十七节 投入农业、制造业或商业的货币所生产的利润应比贷款利息更多

出于同样原因，投入农业、制造业或商业的货币所

---

① 原文为法文：Poit rapporter。

生产出来的利润,应大大多于同等资本投入购买土地或贷款利息所得的收入。因为在这些事业中,除了要垫付资本外,还需要特别劳心劳力,而如果它们不更有利可图,那就远不如去取得一笔也许不劳而获的同等收入划算了。其必然结果是,除了资本的利息外,企业家还应每年提取一笔利润,以此来补偿自己的操心、劳动、才智以及承担的风险,并弥补部分资本的损耗,这部分资本是他不得不投入的易受损失和遭遇各种意外的财产。

第八十八节　不过,这些不同的运用方法所带来的成果相互受到限制,并且尽管它们彼此并不一样,但却保持某种平衡

不同方法运用的资本带来极不相同的成果,但这种不相同并不妨碍它们彼此间的相互影响,也不妨碍在它们之间建立某种平衡,就像一个倒置虹吸管两端水管中可互相连通的两种比重不同的液体保持平衡一样,一端水管中液体的高度不会升高或降低,除非另一端水管中的液体会受到同样影响。

假设突然有大量土地所有者要出售土地,显然土地的价格会下降,并且用较少的资本就可以获得较多的收入。这种情况的出现不会不伴随着利息的提高。因为货币所有者宁愿购买土地也不愿把资金借贷出去，只取得还不如用这笔钱购买土地的收入那么多的利息。那么，如果借款者想借到货币的话，他们就不得不付出更高的利息。如果货币的利息提高了，人们就宁愿把货币借贷出去，而不愿更辛苦、更冒险地将货币投入农业、工业和商业。人们只经营那些除了投资者的劳动能得到收入外，还能产生比贷款利息多得多的利润的行业。简言之，如果货币运用所产生的利润增加或减少了，它就会转变用途，要么从其他方面抽取出来用于贷款，要么从贷款中抽取出来用于其他方面。这必然会在每种运用方法中改变资本的利润与年产品的比例。一般情况下，转投入地产的货币所带来的收入少于投入贷款取息的货币所带来的收入；而贷款取息的货币所带来的收入又少于投入劳动企业的货币所带来的收入。但不论货币用于哪一方面，它所带来的成果都不能增加或减少，除非货币的其他运用方法所带来的成果相应增加或减少。

第八十九节　货币的现行利率是一种标准，借助这种标准可以判断资本的多寡；它是衡量一国农业、制造业和商业发展程度的尺度

所以，我们可以把现行货币的利率视为一种标准，

以此衡量一国资本的多寡以及货币所投入的各个行业的规模。显然，货币利率越低，地产的价值就越高。一个收入五万法郎地租的人，如果地产是按二十年的收益权出售，则他的地产仅值一百万法郎；如果地产是按四十年收益权出售的，则他的地产就值二百万法郎。如果利率是百分之五，那么任何尚未开垦的土地，如果其产物除了补偿垫付以及耕种者辛劳应得的报酬外不能带来这百分之五的收入，那么它将会继续闲置。不管是制造业还是商业，如果除了补偿企业家的工资以及付出辛劳和承担风险外不能带来百分之五的收入，那将无法维持。如果有个邻国的利率仅为百分之二，这个邻国不仅会经营那个利率为百分之五的国家所不能经营的所有商业部门，而且由于这个邻国的制造商和商人能够满足于较低的利润，那它就会以更低的价格在所有市场出售他们的商品，并吸引来因特殊情况或过高运费从而利率为百分之五的国家所不能继续经营的商品的贸易，这样它就会在商业领域几乎处于垄断地位。

第九十节　货币利率对所有营利行业的影响

利息的价格可视为一种标准，低于这种标准，则所有劳动、农业、工业和商业都会走向衰退。这就像一片辽阔海洋，山峰突出水面，并形成肥沃和已耕种的岛屿。

这片海洋一旦退潮,随着水位的下降,斜坡、平原和山谷就会逐渐露出,它们的上面就会长满各种物产。海水上涨或下降仅需一尺,就可以淹没或恢复耕种这些大片的土地。正是资本的充裕激活了各行各业;而货币的低利息,既是资本充裕的结果,同时又是资本充裕的证据。

第九十一节 一个国家的总财富包括:一所有田产的纯收入乘以地价率[1];二国内现存所有可动财富的总和

田产等值于一笔资本,这笔资本等值于田产年收入乘以出售田产的现行地价率。所以,如果我们把所有土地的收入加起来,即把土地提供给土地所有者以及所有共享土地所有权的人[2]——例如征收地租的地主、征收什一税的教区长[3]和征收赋税的君主——的纯收入加起来;如果,我是说,我们把上述所有数额加起来,乘以土地出售的地价率,[4] 我们就会得出一个国家在田产方面的所有财富的总额。为了得出一个国家全部财富的总额,还

---

[1] 原文为法文:Par le taux du prix des terres。
[2] 原文为法文:Qui en partagent la propriété。
[3] 原文为法文:Le Curé。
[4] 即地价相当于其年收入的倍数。

应该加上各种可动财富,这种财富包括投入农业、工业和商业等各行业的资本总额。这些行业永远不会失去这些资本。因为任何一种行业的全部垫付必须不断返回给经营者,以便不断再次投入到各行业中,否则就难以为继。把巨额可动财富与一个国家现存货币总额相混淆是极大的错误;后者与前者相比只是很小一部分。为了使自己相信这一点,我们仅须想到那些构成农业垫付的大量的牲畜、农具和种子,那些堆满①所有制造商、商人和贸易者车间、商店和仓库的大量原料、工具、各种动产及商品,就很清楚。在一国的全部财富中,无论是动产还是不动产,金属货币②仅占微不足道的一部分。但由于所有财富和货币不断互换,所有财富都代表货币,因此货币也代表所有财富。

第九十二节 不能将借贷资本包括在总财富之内,否则会导致重复计算

在计算一国的财富时,我们一定不能包括借贷资本。因为资本只能借贷给土地所有者或能使其在各行业中增值的经营者,只有这两种人才能对资本负责并偿还利息。

---

① 原文为法文:Le fonds。
② 原文为法文:L'argent en nature。

借给既无田产又没有具体从事什么工业的人的一笔货币，将成为呆滞资本而不是可动资本。① 如果一个拥有价值四十万法郎田产的土地所有者借款十万法郎，那么他的田产要支付一笔货币的租金，他的收入中要减去这笔租金。如果他出售这块田产，那么他所得四十万法郎中的十万法郎归债权人所有。这样，在计算现有财富时，贷款者的资本就占据这块田产价值的一个相当部分。这块田产始终价值四十万法郎，当土地所有者借款十万法郎时，这块田产也不会值五十万法郎。这只是把四十万法郎中的十万法郎归贷款者所有，留给借款者的不会多于三十万法郎。

如果在计算资本总额时，把借给经营者的用于他的企业的垫付资本包括在内，也会发生重复计算。这只是使这笔金额和代表其利息的那部分利润属于贷款者。假设一个商人把他的财产中的一万法郎投入商业并独占全部利润，或者他从别人那里借款一万法郎并支付利息，并满足于剩余利润和他的辛劳的报酬，那么他的商业的资本仍是一万法郎。

但在计算国家财富时，如果为了避免重复计算，不能把放贷取息资本包括在内，② 我们应把其他动产计算在

---

① 原文为法文：Un capital éteint et non un capital employé。
② 原文为法文：Le capital des intérêts de l'argent prêté。

内。虽然这些动产原来是消费品，不产生任何利润，但由于其耐久性而成为一种真正的资本，并不断增加。并且由于它们在需要时可换成货币，它们仿佛是一种备用资本，可投入商业，并在必要时弥补其他资本的损失。以下是各种动产：珠宝、餐具、油画、雕像和守财奴锁在柜子里的现金。所有这些物品都有价值，这些价值的总额在富国里是极大的数目。但不论这个数目是大是小，都必须把它加入到地产价格总额中，以及各行业已经垫付的流动资本中，以便构成一国财富的总额。然而，不必说，尽管我们能够很容易定义是什么构成一国财富的总额，就像刚才我们所做的那样，但要弄清它们的具体数目也许是不可能的，除非我们找出某种尺度来确定一国全部商业与其土地收入之间的比例。这样做也许可行，但尚未以可以消除所有怀疑的方法来执行。

第九十三节　在社会的三个阶级中，货币的贷款者应列入哪个阶级？

现在让我们看看，我们刚才所论述的关于运用资本的不同方法，与我们前面所提出的关于社会所有成员划分为三个阶级——农民生产阶级、工业或商业阶级、可自由支配阶级或土地所有者阶级，是如何相一致。

第九十四节 贷款者,就他自身来说,属于可自由支配阶级

我们已经知道,每个富人必然是可动财富中资本或相当于一笔资本的田产的拥有者。任何田产都是一笔资本的等值物,所以每个土地所有者都是资本家,但并非每个资本家都是土地所有者,可动资本的拥有者可选择用其购买田产,或用其投入农业或工业中。已成为农业或工业企业家的资本家,并不比这两个行业中的纯粹工人有更多的自由可支配。他们都是从事于持续①经营企业的工作。拥有借贷货币的资本家,可将货币贷给土地所有者或企业家。如果把货币贷给土地所有者,他就似乎是属于土地所有者阶级,成为田产的共有者,土地的收入肯定要②支付他的贷款的利息。田产的价值等于是他的资本的担保品。③如果贷款者把货币贷给企业家,他本人就肯定属于可自由支配阶级,但他的资本一直是用于④企业的垫付,如果不是由价值相等的其他资本来补充,就不可能从这个企业中抽取出来而不危及这个企业。

---

①②③④ 这四处不同的译文均来自法文原文 affecté à 一词,虽用词相同,但词义却各不同。

第九十五节　从贷款者能利用利息的方法看，贷款者提取的利息是可自由支配的

的确，贷款者从资本中提取的利息似乎使他属于可自由支配阶级，因为企业家和企业也许没有利息也可以维持。我们似乎也可以推断，在无论是农业还是工业这两个劳动阶级的利润中，有一部分是可自由支配的，也就是负责支付按贷款现行利率计算的各种垫付的利息的部分。这个结论似乎与我们已谈过的论点相一致，即只有土地所有者阶级才有一种真正所谓的可自由支配收入，而其他阶级的所有成员则只有工资或利润。这值得说明一下。假设一个人把六万法郎贷给一个商人，每年得到一千克朗，如果我们考虑到他利用这一千克朗的方法，那么，无疑这笔货币是完全可以自由支配的。因为那个企业不需要它也可以经营。

第九十六节　从国家有权拨用一部分利息满足自己需要而无任何不便这个意义上看，货币的利息不是可自由支配的

但不能由此认为，从国家可以为了公共需要而拨付给自己一部分利息的意义来说，利息也是可自由支配的。那一千克朗不是农业或商业无故给予提供垫付的那个人

的报酬,而是这种垫付的代价和条件。没有这种垫付,企业就无法维持下去。如果减少这种报酬,资本家就会抽回他的资本,企业就会停业。所以,这种报酬①应当是不可侵犯的,并享受完全免税的待遇。这是因为它是用于企业垫付的代价,没有这种垫付,企业就无法生存。对它的侵犯会导致所有企业的垫付的价格的提高,从而削弱企业自身,即削弱农业、工业和商业的企业。

这使我们得出一个推论:当我们说贷款给土地所有者的资本家看起来*似乎*是属于土地所有者阶级的时候,这种*表面现象*就有些模棱两可而需要加以阐明。事实上,事情的真相是,他贷给土地所有者的货币所得的利息,并不比贷给农业和商业企业家的货币所得的利息更可以自由地支配。也就是说,并不更易被侵占,这个利息同样是自由商定的价格,同样不可以被侵占,否则就会改变贷款价格。这与把贷款贷给谁没什么关系。如果贷给土地所有者的贷款价格下降或上涨,贷给耕种者、制造商和商人的贷款价格也会下降或上涨。总之,贷出货币的货币所有者应该被视为一种财富的生产所必需的、价格还不能太低的商品的交易商,而且对这种行业征税,就如同对用来肥田的粪堆征税一样不合理。我们根据这

---

① 原文为法文:Rétribution。

点得出结论：贷款者就他本人来说，确实属于可自由支配阶级，因为他不做任何事情；然而，就他的财产的性质来说，他却不属于那个阶级，不论他的货币的利息是由土地所有者用土地收入的一部分来支付的，还是由企业家用其利润中预备用来偿付他垫付的利息那部分支付的，都是如此。

第九十七节 反对意见

无疑有人会这样反对我：资本家可以毫不在乎地贷出他的货币或用它来购买田产；无论是哪种情况，他所得到的都只是他的货币的等值物，而且他都应对公共费用有所贡献。

第九十八节 对这种反对意见的答复

首先，我的答复是，事实上，当资本家买入一份田产时，从田产中所得的收入对于他来说就等于他贷出货币时所得的收入。不过，从国家这方面来看，这里却存在着本质的区别，即：资本家购买土地所付价格，从任何方面而言对土地所生产的收入都没有贡献。如果他没有购买这份田产，土地所生产的收入也不会减少。正如我们已经论述的，这种收入包括土地所生产的超出土地耕种者的工资、利润及其垫付的利息以外的东西。这与货币的利息并不相同。这是贷款的明确条件，是垫付的价格；没有这种垫付，用于偿付它的收入或利润根本就不存在。

其次，我的答复是，如果只有土地负有资助公共开支的义务，那么这种资助一经规定，想买入土地的资本家就不会把规定提取资助的那部分收入计入他的货币利息之中。同样，当今买入一块土地的人不是买入教区长所征收的什一税，而是买入扣除什一税后的那部分收入。

第九十九节 除了土地的纯产品外，一国不存在任何严格意义上的可自由支配的收入

通过上述论述，我们已经明白，贷款利息取自土地的收入，或者农业、工业和商业企业的利润。但我们也已指出，这种利润本身只是土地产品的一部分；土地产品分成两部分：一部分打算支付①土地耕种者的工资、利润，以弥补垫付及其利息；而另一部分则属于土地所有者，即土地所有者随意被消费掉的收入，从而对国家的一般开支有所贡献。

我们已指出，社会其他阶级所得到的，只是工资和

---

① 原文为法文：Affectée aux。

利润，这种工资和利润由土地所有者从他的收入中支付，或由生产阶级的代理人从满足他们需要（他们不得不从工业阶级那里购买）的那部分支付。不论这些利润是以工资形式分配给工人，或是以利润形式分配给企业家，还是以垫付的利息的形式来分配，它们并未改变性质，并未增加生产阶级所生产的超过他的劳动价格以外的收入。工业阶级所分得的那部分仅限于他的劳动的价格。

从上述可知，除了土地的纯产品外没有任何收入，所有其他利润都是由这种收入所支付的，或者构成用来生产这种收入的开支的一部分。

第一百节 土地还提供了全部可动财富即现存资本，它们是由每年储蓄的一部分土地产品形成的

不仅除了土地的纯产品外不存在也不可能存在任何其他收入，而且提供形成农业和商业所有垫付的资本的也是土地。土地在尚未被耕种前就已提供了对于最早的劳动者来说原始的但不可缺少的最初垫付。所有其他垫付则是人类已开始耕种土地后年复一年节俭积累的果实。这种节俭的对象不仅是土地所有者的收入，而且还是劳动阶级所有成员的利润。一般情况下的事实甚至是，尽

管土地所有者的剩余更多，但他们所节省的更少。因为他们有更多财富，从而就有更多的欲望和爱好。他们认为自己对于获得财富更有把握，更渴望惬意地享受财富而不是去增加财富，奢侈是他们的追求。工薪阶级，[①] 特别是其他阶级中的那些按照他们的垫付、才智及积极性而获得利润的企业家，尽管并不拥有真正所谓的收入，但他们在基本生活必需品之外还有剩余。这些剩余一般都吸纳入他们的企业，以增加他们的财富。因为劳动的原因，他们的娱乐和奢侈爱好受到限制，所以他们将所有的剩余储蓄起来并再投入到其他企业中，从而增加剩余。大部分农业企业家几乎不借款，差不多完全依靠他们自己的资金。希望自己的财富安稳的其他行业的企业家也试图采用同样方式。靠贷款经营企业的那些人极有可能冒失败的风险。不过，尽管资本的一部分是因劳动阶级的利润储蓄而形成的，但由于这些利润始终源自于土地，因此，它们从收入或用来生产收入的开支中几乎都能得到补偿。显然，资本来自土地，正如收入来自土地一样。或更准确地说，资本只不过是土地所生产的部分财富的积累，这些财富，是这些收入的所有者或共有者每年储蓄起来的，而不是为满足需要而消费的。

---

① 原文为法文：Les salariés。

第一百零一节　尽管货币是储蓄的直接目标,[①] 并且可以说是资本的最初基础,但货币却只占资本总额的极少一部分

我们已经知道,货币在现存资本总额中所占的份额是多么微不足道,但它在资本形成过程中却起着极大的作用。事实上,几乎所有储蓄都只是以货币的形式存在的。收入是以货币形式支付给土地所有者的,各种企业家也是以货币形式得到垫付和利润的。他们所储蓄的是货币,资本的逐年增加也是以货币形式进行的,但所有企业家都不会把货币用于其他方面,而只是立即把它转换成企业周转所需的各种动产。所以,货币转入流通,而大部分资本,则如我们所说的,仅以不同性质的动产这种形式存在。

---

① 原文为法文:D'épargne。

附 录

杜尔哥书信摘录

（一）杜尔哥致休谟书，1766年7月23日

同时我想寄给你一件性质极不相同的小东西——我考虑提供的关于我们有时讨论的问题的学术奖金的计划书。解决这个问题的最好方法，就像解决一切其他问题一样，就是交由公众讨论。我已尝试把这个问题的情况以及可能据以考虑的这个问题的不同方面阐述清楚。我极其希望你能抽出时间告诉我们你的想法。我们应该能理解关于这个问题的文章，哪怕它是以英文写作的。我们那些属于魁奈学派①的经济学家将大力维护他们的宗师

---

① 原文为法文：Sectateurs de Quesnay。

的思想体系。到目前为止，这些英文作者对这个体系的理解相去甚远；而且在相当长的时期内，很难使他们认同这个体系从而统一对商业的认识。不过，我非常希望皮特先生以及各国学术界的权威们能像魁奈那样去思考。我深恐贵国那位著名的蛊惑民心的政客会追随完全不同的原理，我认为他的兴趣所在是在贵国继续坚持你们称之为"贸易猜忌心"的那种偏见。这对我们两国来说将是极大灾祸。不过，我相信这种几乎两败俱伤的局面将阻止这种蠢事长久持续下去。

（二）休谟致杜尔哥书，1766年8月5日

……我极为赞成你设立学术奖金；但你为什么认为所有税收都落在土地所有者身上是公认的真理，而对应征者的论文在此方面的见解有这么多的限制呢？你知道，任何时代或任何国家的政府都从未相信这种假设；人们一直认为，各种赋税是落于那些在消费产品时纳税的人身上的。这一普遍规律加之于事物的显著外表现象上，无论如何都多少留有令人怀疑的余地。如果把这个问题本身设为讨论的主题也许不是一件坏事。

（三）杜尔哥致休谟书，1766年9月7日

我不明白为什么你认为那些相信间接征税对田产所有

者有利的人会被排除在我的学术奖金评选的范围之外。我向你保证，如果你向我们提交一篇从这种观点考察这个问题的文章，它会深受欢迎的。确实，关于评选奖金的条例似乎是引导论文作者从另一种观点来考察这个问题。可事实上，我之所以设立学术奖金，与其说是想引起关于那个我所坚信①的总的问题的讨论，还不如说是想让人们了解在估计间接税的影响方面能做什么，因为我仍未确定（每个阶级所负担的？——英译本编者）份额应如何计算②。

  我已说过，人们都认为间接税最后还是落在了土地所有者身上。因为，事实上我认为，那些为了其他原因而维护间接税的人大都已同意了这一点，尤其在最近十五或二十年间更是如此；也因为我曾有机会与其讨论过这个问题的那些人大都同意这一点。我非常了解，根本没有任何政府的实践符合这个原则。不过，第一，你我都知道，已被所有政府实践的原则，不像空想的原则那样容易改变。各国财政制度早在人们尚未思考这些问题的时代已形成，尽管人们也许相当相信这种制度是建立在脆弱的基础之上的，但搬走一部满负荷运转的机器，取而代之另一部机器，须花费大量的精力和时间。你我

---

① 原文为法文：J'ai une conviction entière。
② 原文为法文：Pour engager à travailler sur l'appréciation des effets de l'impôt indirect, évaluation encore in ertaine pour moi quant à la quotité。

也都知道，地球上所有政府的主要目标是什么：服从和金钱。它们的目的是，如同俗语所说的，拔掉母鸡身上的毛，同时不让它叫喊。然而是土地所有者在叫喊，而政府总是宁愿间接攻击他们。因为这样，他们直到这个问题成为法律后才能察觉到害处。此外，由于消息传播不够广泛，以及相关原则没有得到足够清楚的证明，因而他们尚未找到所遭灾难的真正原因。我始终以我们的意见不能一致为憾。不过我相信你会包容……

（四）休谟致杜尔哥书（未注明日期）

……我想谈谈我们经常提及的那个政治问题，即设立各种赋税的方法，以及哪种方法更好。你承认，由于公共收入用于保卫整个国家，因而向每个人征税都是公平的。可你说这种方法不可行，将各种赋税最后仍落于土地身上，以及一开始就向土地征税会更好。因此你认为，劳动者总是随赋税的提高而提高他们的劳动价格；而这与实际经验相矛盾。体力劳动的价格，在没有赋税的讷沙泰勒州和瑞士的其他地区，比在征收许多赋税的邻近法国各省更高。英国各殖民地几乎不征收任何赋税，可那里的劳动价格是欧洲任何国家劳动价格的三倍。荷兰对消费征收重税，可这个共和国却没有最后能负担这种赋税的土地。

劳动的价格将永远取决于劳动的供给量与劳动的需求量，① 而不是取决于赋税。制造出口物品②的商人③不能提高他们的劳动的价格。因为在这种情况下，这些物品的成本就会太高，从而不能在国外市场上销售。制造供国内消费的物品的商人，同样不能提高他们的劳动的价格。因为同一类劳动不能有两种价格。这个原则适用于所有其中一部分要出口的商品。也就是说，适用于几乎所有商品。即使有某些商品的任何部分都不出口，可用于生产这种商品的劳动的价格也不能提高。因为这种劳动价格的提高，会吸引许多人转入这种行业，从而使这种劳动的价格立即下降。在我看来，任何地方征收消费税的直接后果是，工人减少消费或增加劳动。几乎没有一个工人不在每周的工作日之外还要另外加班的，也几乎没有什么人因为穷而不在开支方面做此节省的。谷物价格上涨时会怎样？穷人不是生活得更简陋而工作得更努力吗？赋税具有相同的效果。

我还请求你记住，除了土地所有者和贫穷的劳动者之外，每个文明国家都有一个非常可观并十分富裕的人

---

① 原文为法文：Dépendra de la quantité des offres du travail et de la quantité de la demande。

② 原文为法文：Les étoffes。

③ 原文为法文：Les commercants。

群，他们将资本投入商业，在为更贫穷的阶级提供工作的同时享受着大笔收入。我相信，在法国和英国，这种性质的收入比来自土地的收入要多得多。因为除了包括真正所谓的商人，我还把所有店主和各种知名的小商人包括在这个阶级里。所以，应由这些人负担维持社会的费用。这非常公平。除非征收消费税，否则做不到这一点。在我看来，我们毫无理由说这个纳税者阶级不得不把它的各项赋税转嫁于土地所有者。因为这个阶级所得的利润①和收入肯定能承受这种赋税的扣除。

（五）杜尔哥致休谟书，1767年3月25日

我本来非常愿意讨论税收问题的某些细节，但为了答复你的反对意见，看来必须——这样说吧——写一部著作并赢取我自己设立的学术奖金。我只想向你指出我据以出发并认为是无可辩驳的原则：一个国家除了土地的年生产额之外，不可能有其他收入；所有这些生产物分为两部分：一部分留做②次年的再生产，这不仅包括农业企业家以实物形式消费的那部分农作物，还包括他们用来支付为他们劳动的铁匠、车匠、鞍匠、织工、裁缝

---

① 原文为法文：Bénéfices。
② 原文为法文：Affectée à。

等各种工人的工资的所有东西，包括他们的利润以及他们的垫付的利息；另一部分是当土地所有者与土地耕种者区分开而不是同一个人之时——并非总是如此——农业经营者向土地所有者缴纳的纯产物，土地所有者用它来偿付为他提供的所有劳动。如果承认这一点，① 结论必然是：不是直接向土地所有者征收的那种赋税，或者落于以纯产物为生的挣工资者②身上，或者落于其劳动由土地耕种者来偿付的那些人身上。如果工资③因竞争而降至它们的公平价格，就不能上涨。除非支付工资的人受到损失，否则工资不能上涨，一部分赋税最终会落于土地所有者身上，对他们用纯产物所支付的这种开支征税；而另一部分赋税则增加了土地耕种者的开支，从而使他们不得不向土地所有者少缴纳地租。所以，在所有情况下都是土地所有者来纳税。

你说我认为工资会随着赋税的提高而提高，而实际经验却证明这个原则与事实不符；并且你正确地认为，无论赋税的高低，决定工资价格的不是赋税，而只是供求关系。④

---

① 法文原文为：Cela posé。
② 原文为法文：Les salariés。
③ 原文为法文：Le salaire。
④ 原文为法文：Le rapport de l'offre à la demande。

这个原则的确无可争议。因为它是规定所有在商业中具有价值的物品的当时①价格的惟一原则。但人们必须区分两种价格：一种是由供求关系决定的各项现行价格；②另一种是基本价格。③就一种商品而言，这种基本价格是工人在这件商品上的花费；就工人的工资而言，这种基本价格则是工人在自己的生活资料上的花费。你不可能向一个挣工资的人征税而不增加他们的生活资料的价格。因为他们必须把与赋税相关的开支加到原有开支上。这样，你就提高了劳动的基本价格。但是，尽管基本价格不是决定现行价格的直接因素，④但它却是底线，现行价格不能低于这一底线。这是因为，如果一个商人因交易而亏损的话，那他就得停止销售或制造商品；如果一个工人不能以劳动为生的话，那他就会成为乞丐或背井离乡。不仅如此，工人还必须获得一定利润，⑤以应付意外并赡养他的家庭。在一个商业和工业均自由而繁荣的国家，竞争把这种利润规定于尽可能低的水平。⑥在所有土地产品的价值、各种商品的消费量、各种工作

---

① 原文为法文：Immédiatement。
② 原文为法文：Le prix courant。
③ 原文为法文：Le prix fondamental。
④ 原文为法文：Le principe immédiat de la valeur courante。
⑤ 原文为法文：Un certain profit。
⑥ 原文为法文：Au taux le plus bas qu'il soit possible。

及其所雇工人的数目上,与工人工资的价格之间,自动保持着某种均衡。

只有通过这种均衡,通过社会所有组成部分及生产和商业所有部门之间的相互影响,各种工资才能予以确定,并经常保持于一个确定的水平上。若承认这一点,如果你改变其中任一因素,必然会在整个机器中导致一种倾向于恢复原有均衡的运动。各种工资的现行价格价值与其基本价格之间的比例,由这种均衡的规律及社会所有各组成部分所处的各种环境的组合所决定。

如果你提高了基本价格,那么从前确定的现行价值与这种基本价格的比例的那些环境,必然使现行价值上涨,直到重新确立这种比例为止。我知道这种结果不会突然产生,但在任何复杂的机器里都存在着各种阻力,①以至于延缓出现了已由理论最可靠地证明了的结果。②这种情况即使发生于完全同质的液体,也需要用时间来恢复至原有的水平;而只要有时间,这种水平总会得到恢复。我们现在正探讨的各种价值之间的均衡也是如此。如你所说,工人会尽力多工作少消费,可所有这些都是暂时的。③ 无疑,世界上没有总是尽全力工作的人。而让人们尽全力去工作,并不比把一根绳索尽可能拉长更自

---

①② 原文为法文:Des frottements qui ralentissent les effets。
③ 原文为法文:Passager。

然一些。任何一部机器都必须保持一定程度的松弛，否则会冒随时崩溃的危险。在劳动方面，这种松弛的程度由征税后继续发挥作用的千百种原因所规定，因而，即使由于最初的努力而使紧张程度增强了，事物不久也会恢复其原来的自然形态。

我关于增加劳动方面所说的话，也就是我关于减少消费方面所说的话。欲望永远是相同的。① 严格说来，能产生节余的那种剩余，仍是工人及其家庭成员的日常生活资料的必要组成部分。莫里哀的剧本里的那个守财奴说，为五个人安排的饭，第六个人也总能有饭吃；但如果把这种推论再向前推一点，很快就会成为谬论。我还认为，消费的减少对土地所有者的收入还有另一种非常严重的影响——通过商品及土地所有者的土地产品的价值减少而产生。

而关于外贸方面的反对意见，我不会详谈。除了有助于增加土地收入之外，我不认为外贸在任何国家是非常重要的事情；② 而且，如果对外贸征税就肯定会导致外贸衰落。不过我没有时间多写，我不得不结束这封信了，尽管我本来有许多话要说，是关于仅仅这种赋税的征收就会不断侵犯公民的自由，从而导致消费者的种种不便：他们不得不在海关被搜查，他们的住宅因征收产业税和

---

① 原文为法文：Les besoins sont toujours les mêmes。
② 原文为法文：Un objet bien considérable。

消费税而不得不接纳税务人员,更别提关于走私及为了国库的利益而牺牲人命的各种恐怖之事了,——真是立法机关向拦路强盗宣讲的精彩说教!

(六)杜尔哥致杜邦书,1766年12月9日

……我已为我向你提及的那两名中国学生拟好了几个问题;并且为了使他们能了解这些问题的目的和意义,我在这些问题之前写了一篇关于社会各种劳动及财富分配的粗略分析。① 我在这篇分析中没有加入任何代数学的内容,除了形而上学的部分之外,也没有《经济表》②中的任何内容;而且,还有许多问题我没提及,而要使这一著作完整,必须探讨这些问题。不过,对于涉及资本的形成和运转③以及货币的利息等相关问题,我已进行了相当详尽的研究……

(七)杜尔哥致杜邦书,1770年2月2日

……关于原始的农业垫付④的那一段尤其困扰我;你

---

① 原文为法文:Une espèce d'esquisse de l'analyse。
② 魁奈:《经济表》(1758),1894年由纽约麦克米伦图书公司为英国经济学会照原样翻印。
③ 原文为法文:La marche。
④ 原文为法文:L'endroit des avances foncières。(亚当·斯密在《国富论》第四编第9章中把dépenses foncières译为"土地方面的开支"。)

知道我曾当着你的面如何与鲍杜神父争论这一点。我也许错了,但任何人都希望成为他自己,而不是其他什么人。……这些附加的话都要使我成为经济学家,而我不希望当经济学家,正如我不希望当百科全书的编纂者一样。

(八)杜尔哥致杜邦书,1770年2月20日

……尽管你称做*土地方面*的那些垫付对农作物的生产有所贡献,——如果我的目的是详细说明《经济表》的各种原理,我也会如此说——然而,说土地方面的垫付就是财产的来源,那就错了。[①] ……就是这种修改最困扰我。

……我仅告诉你这一点就满意了:任何人都不能根据我所说的而认为奴隶制度对任何社会(即使在其初期)都有益。至于拥有奴隶的个人,则是另外一回事了。你认为奴隶制度对任何人都不利,我本愿意认为你是正确的。因为它是一种可鄙的、野蛮的不公正。不过我十分担心你弄错了,这种不公正对于作恶者来说也许有时是有用的……

---

① 原文为法文:Le principe de la propriété。

(九) 杜尔哥致杜邦书，1770 年 3 月 23 日

认为储蓄和窖藏①是同义词，这是怎样一种概念混淆，或不如说，这是怎样一种文字混淆！以此来掩饰那位善良的医生②在其早期著作中提出的某些错误说法。哦，这种宗派主义精神！③

(十) 休谟致莫雷累书，1769 年 7 月 10 日

我看出你在即将出版的著作简介中很小心，没有提出你的看法来得罪那些经济学家。在这一点上，我要赞扬你的审慎。但我希望你在你的著作中痛击他们，打垮他们，粉碎他们，使他们化为灰烬。事实上，他们是索尔滂恩被摧毁以来现在还能找到的最能空想④和最傲慢的一群人。我常惊诧地自问，是什么诱使我们的朋友杜尔哥先生成为他们中的一员？⑤

---

① 原文为法文：Épargner et thésauriser。
② 指魁奈。——英译本编者
③ 原文为法文：Esprit de secte。
④ 原文为法文：Chimérique。
⑤ 原文为法文：S'associer à eux。

图书在版编目（CIP）数据

关于财富的形成和分配的考察/（法）杜尔哥著；唐日松译. —北京：华夏出版社，2013.7

（西方经济学圣经译丛：超值白金版）

ISBN 978-7-5080-7650-8

Ⅰ．①关… Ⅱ．①杜… ②唐… Ⅲ．①重农学派－研究 Ⅳ．①F091.32

中国版本图书馆 CIP 数据核字（2013）第 129590 号

关于财富的形成和分配的考察

作　　者	［法］杜尔哥
译　　者	唐日松
策划编辑	陈小兰
责任编辑	罗　云
出版发行	华夏出版社
经　　销	新华书店
印　　刷	北京世知印务有限公司
装　　订	三河市李旗庄少明印装厂
版　　次	2013 年 7 月北京第 1 版 2013 年 7 月北京第 1 次印刷
开　　本	880×1230　1/32 开
印　　张	4.5
字　　数	75 千字
定　　价	16.00 元

华夏出版社　地址：北京市东直门外香河园北里 4 号　邮编：100028
网址：http://www.hxph.com.cn　电话：（010）64663331（转）
若发现本版图书有印装质量问题，请与我社营销中心联系调换。